A TRANSFORMAÇÃO

CIP-BRASIL. CATALOGAÇÃO NA PUBLICAÇÃO
SINDICATO NACIONAL DOS EDITORES DE LIVROS, RJ

M559t Meyer, Jean Pierre [espírito]
A transformação / [psicografado por] Siomara Vilanova Cerqueira ; pelo espírito Jean Pierre Meyer. – 1. ed. – Porto Alegre [RS] : AGE, 2023.
151 p. ; 16x23 cm.

ISBN 978-65-5863-240-5
ISBN E-BOOK 978-65-5863-236-8

1. Espiritualidade. 2. Obras psicografada. I. Título.

23-86299 CDD: 133.93
CDU: 133.9

Gabriela Faray Ferreira Lopes – Bibliotecária – CRB-7/6643

SIOMARA VILANOVA CERQUEIRA
pelo espírito JEAN PIERRE MEYER

A TRANSFORMAÇÃO

EDITORA
AGE
PORTO ALEGRE, 2023

Capa:
NATHALIA REAL

Diagramação:
JÚLIA SEIXAS

Supervisão editorial:
PAULO FLÁVIO LEDUR

Editoração eletrônica:
LEDUR SERVIÇOS EDITORIAIS LTDA.

LEDUR SERVIÇOS EDITORIAIS LTDA.
editoraage@editoraage.com.br
Rua Valparaíso, 285 – Bairro Jardim Botânico
90690-300 – Porto Alegre, RS, Brasil
Fone: (51) 3223-9385 | Whats: (51) 99151-0311
vendas@editoraage.com.br
www.editoraage.com.br

Impresso no Brasil / Printed in Brazil

SUMÁRIO

INTRODUÇÃO

O Planeta Terra tem mais de 4 bilhões de anos e, através de todo esse tempo, ele tem se modificado. Ele passou por quatro grandes eras geológicas e, em cada uma delas, grandes transformações ocorreram.

Na primeira era, a Pré-Cambriana havia apenas seres unicelulares, após, algas e rochas. Na segunda era, Paleozoica, molúsculos anfíbios, peixes e repteis faziam parte do Planeta e no final do período, houve a extinção de 95% da vida sobre a Terra. Na terceira era, Mesozoica a 65 milhões de anos, houve a formação de dois continentes e o surgimento dos grandes répteis e dinossauros, que foram extintos com a queda de um meteorito. Inicia a quarta era, Cenozoica, com a configuração da crosta como é hoje e o surgimento de aves, primatas, mamíferos. No segundo período dessa era, o Quaternário, há aproximadamente 1,8 milhão de anos, surgiu o *Homo sapiens*.

Estamos no Planeta Terra há mais de um milhão de anos e continuamos como crianças no parque de diversões. Todos nós percebemos as mudanças que estão ocorrendo e provavelmente estejamos no final de uma era.

Foram muitas conquistas e realizações. Foram muitos aprendizados e crescimentos. Será que a vida se resume a essas conquistas? E o aprendizado... o crescimento? Será que condiz com o homem da Nova Era, do Planeta de Regeneração?

Há uma meta.

Há uma vida a passar a limpo e a vontade de fazer parte do um processo de mudança, de um processo de depuração, do processo de crescimento.

Vamos traçar nossa rota e percorrê-la, sabendo que não podemos mais perder tempo e que há ajuda. Ajuda para nos colocar o mais perto possível da perfeição, do Criador.

Este livro, com certeza, irá ajudar em sua rota.

Boa leitura.

Silvia Maria S. do Amaral

JEAN PIERRE MEYER

Nasceu em Riken, na Suíça, em 1855. De origem modesta, muito jovem foi para a França, onde se naturalizou e tornou-se um abastado industrial e comerciante. Estudioso, foi filósofo, escritor, cientista, pesquisador e filantropo.

Ao conhecer a obra de Kardec, deparou-se com uma nova filosofia, racional e lógica, que o fez mergulhar no estudo aprofundado de todos os aspectos da Doutrina, e o levou ao patamar dos mais destacados e ilustres espíritas.

Dinâmico e influente, de 1916 a 1931, foi editor e proprietário de *La Revue Spirite*, o mais importante órgão de divulgação do Espiritismo na época, na França.

Em 1917, fundou a União Espírita Francesa e a Jean Meyer Editeur, criada com seu nome para possibilitar a publicação dos livros espíritas e metapsíquicos.

Além de participar de numerosas entidades científicas internacionais, foi Vice-Presidente da Casa dos Espíritas; Membro da Sociedade de Estudos Metapsíquicos do Institut Métapsychique International; Vice-Presidente do Congresso Espírita Internacional de Haia; Vice-Presidente da Federação Espírita Internacional; Vice-Presidente da Comissão Executiva do Congresso Espírita Internacional, em 1925, onde foi notável a profundidade de seu conhecimento científico.

Foi dele esta afirmativa no Congresso Espírita de Londres, em 1928:

"É pela união da Ciência com o Espiritismo, com esta fé racional que ele nos dá, auxiliando-se um ao outro, que chegaremos a uma compreensão sempre mais justa, sempre mais elevada da obra de Deus".

Jean Pierre vivenciou sua vida pautando-a na crença da transitoriedade da matéria e na permanência do espírito. Amparou irmãos menos favorecidos com bens materiais e colocou sua inteligência e sua fé a serviço da causa que abraçou.

Partiu em 1931, em Paris, deixando imenso rastro de luz, e hoje continua auxiliando seus irmãos da Terra, através de suas iluminadas orientações.

CAPÍTULO 1

ELABORAÇÃO: O PRIMEIRO PASSO

Entre todos os dons dados pelo Criador ao homem talvez o maior deles seja a capacidade de poder elaborar, pois é ela que, ao longo desta sua estada terrena, vai lhe dar condições de avançar. É através da elaboração que o espírito consegue equacionar o sentido de que cada experiência está imbuída.

É através da elaboração que o ser pode tirar as conclusões que servirão de degraus para a ascensão. No entanto, para atingir o grau onde faz uso dessa capacidade, é preciso que já tenha adquirido considerável experiência que vai lhe dar estofo para a ancoragem de seu discernimento.

Elaborar não é criar, ainda que haja a necessidade de componentes presentes no processo criativo. No entanto, elaborar é equacionar os elementos dados em determinado caso e, através da dedução, reagrupá-los em outra situação. É quase como a formulação de uma tese onde várias hipóteses são juntadas, averiguadas, selecionadas, para compor uma afirmação.

Essa afirmação, no caso, seria o resultado da elaboração mental, em novo parâmetro, um patamar acima, que faz parte da caminhada evolutiva.

Há que ter, já foi dito, condições prévias para esse momento. E elas incluem o olhar apurado, a seleção feita com sentimento, o julgamento no bem, e, como pano de fundo, a clareza trazida pela busca do autoconhecimento.

A visão, que o autoconhecimento descortina, traz todas as aspirações de um espírito que já se autodescobriu, que se autoassumiu e que se autodireciona.

É através dela que se abre a possibilidade de uma maior chance de avanço, de uma maior retidão dos passos e de uma maior nitidez de objetivo.

Essa busca faz ver o que falta, o que buscar.

Esse é o olhar apurado, o olhar refinado, que consegue selecionar os componentes necessários a uma maior ascensão, a um crescimento real.

A seleção dos componentes feita com sentimento, porque é evidente que a busca de melhores e mais altos patamares está na conquista de maiores e melhores sentimentos, e os sentimentos mais puros, mais nobres estão concentrados no bem.

Parece fácil a equação. É apenas nortear melhor o pensamento, colher dados, organizá-los, pô-los em prática.

Não é. A chegada do espírito encarnado a esse patamar requer uma longa trajetória.

Requer humildade, muita humildade. Requer abstração, sair fora do mundo material e centrar-se no seu verdadeiro eu. Conhecer-se, ver-se primeiro como um andante à procura do rumo, e talvez aí pensar e perceber o real rumo.

Neste espaço, inicia-se então o que já se apresentou: a elaboração.

O processo racional, e ao mesmo tempo emocional, que vai desabrochar no espiritual.

É nesse momento que o espírito vai se beneficiar com o processo integrado do ser em viagem à Terra, para o exercício de seu adiantamento. É nesse momento que o ser vai realmente dar a prova de aproveitamento de sua encarnação, fazendo do exercício de suas experiências um verdadeiro laboratório de crescimento e prosperidade.

A Terra então, campo de experimentação, com base na conscienciosa elaboração do pensamento do homem, espírito encarnado, passará a ter maior aproveitamento, e os espíritos que aqui vierem farão jus a estarem em níveis melhores de evolução.

A Terra deixará de ser um campo de dificuldades e desafios, de angústias e tentações para ser realmente entendida como um espaço de crescimento, com um campo energético aberto, consequência dos pensamentos fluidos e distensionados, já conquistando o patamar de entendimento feito da elaboração consciente e clara de seres já adentrando no caminho da Luz.

CAPÍTULO 2

O DIFÍCIL CAMINHO

Os processos humanos são demorados. Os processos humanos sofrem inúmeras interferências; além de dificultar sua fluidez, interrompem, desviam e às vezes até seccionam uma linha de pensamento e/ou ação. No entanto, para que isso possa ser de certa forma dominado e seguro, há que ter o que já foi descrito: uma clara noção da vida, seus objetivos, suas razões.

São muitas as causas que obrigam o homem a caminhar com lerdeza na saga evolutiva. Os grandes obstáculos são colocados por ele próprio, mercê uma estreita compreensão do todo. O papel que desempenha no espaço existencial dificilmente é visto instantaneamente de uma forma realista, coerente com os desígnios que aqui veio cumprir. Há sempre um mascaramento, baseado ora no meio familiar, ou no meio físico, nas noções primeiras, nas formas de conhecer e se situar no mundo, enfim.

Poucos são os que aqui adentrando já se colocam posicionados, frente a uma clara e límpida realidade espiritual na coerência ordenada, da forma como aqui terá sua etapa evolutiva.

Os espíritos mais maduros, os espíritos prontos para uma experiência evolutiva menos densa, os espíritos adequados a um Planeta de Regeneração são os que aqui encarnam mostrando, desde cedo, condições de adequação e pertinência às condições que a Terra oferece. Desde cedo visualizam os caminhos, no entendimento das razões e nos fundamentos das ações.

A maioria vai aos poucos, tendo aqui ou ali mostras das ocorrências evolutivas, que a própria vida terrena oferece a todo instante. Mas, olhos para ver nas entrelinhas também não são tão comuns. O ceticismo domina. Ainda há restrições imensas ao invisível, ao *sobrenatural*.

E assim, cheio de dúvidas e incertezas, medos e incredulidades, o homem tem há milênios patinado em suas tantas encarnações.

E é tudo tão simples e tão antigo. Desde o primeiro ser hominal a povoar o Planeta, o espírito aqui habitou e os espíritos sempre o rodearam e o acompanharam como em todo tempo e em todos os tempos. Mas, apesar de tudo, a grande libertação, a que fará o espírito encarnado estar aberto à vida paralela em outros mundos, está custando a ser aceita. Veem-se alguns movimentos, veem-se algumas aberturas, com um pouco mais de clareza. No entanto, com a grande explosão dos meios de comunicação e, nos últimos anos com as redes sociais, nota-se ainda muita timidez.

Nos noticiários tudo espouca com veemência: a parte social, esportiva, política, comercial. A ênfase é sempre bombástica ao que explode, ao que grita, ao que destrói e mata.

A violência continua em alta. O homem age sem pensar e se pensa não é com a conformação da alma, do coração, do bem. Pensa e age impulsivo, deixando-se levar por ainda insanos e instintivos sentimentos. As guerras, os atentados, as atitudes de maldade, lesando seus irmãos, é o que, ainda hoje, domina a Terra.

A busca interior fica relegada a um ínfimo plano, pois que, com tantas opções, tantos desafios, tantos *deslumbres*, não há como pensar. O homem emerge, na Terra, num mar de confusões materiais e materialistas, não raro que lhe obstruem até a visão de valores incontestes, como a família.

Onde então buscar o ponto de encontro?

Onde encontrar o *toque* ou *ser tocado*?

É, sim, um trabalho primeiro de pausa na efervescência da vida.

Parar, situar-se, buscar-se e nesse encontro visualizar a vida como é: um espírito que atravessa o tempo e que eventualmente estagia num orbe para uma experiência de aprimoramento. Aqui chegando, com essa visão, é tudo mais fácil. No entanto, já se sabe, isso é muito raro. Há que buscar, às vezes, em mais de uma vivência experiencial.

E mesmo assim, buscar a clareza para fazer de todas as dificuldades e empecilhos meios de ascensão.

Só assim haverá possibilidade de uma mais rápida caminhada evolutiva.

Só assim haverá a possibilidade de espíritos encarnados fazerem uso correto de todos os elementos constantes de seu aparato terreno, em prol de um aprimoramento e de um crescimento célere e ascendente, na luz da evolução!

CAPÍTULO 3

CONSCIENTIZAÇÃO: A VISÃO DO TODO

Dentre todas as condições para que o homem possa estar apto a ter experiências evolutivas no planeta Terra, em sua próxima fase está a conscientização.

Esta consiste em uma coerência entre o que é e o homem acha que é. É a situação equilibrada entre o que existe, o que se vê e o que se sente.

Em última instância, é a percepção correta e certa da realidade verdadeira da existência.

Essa conscientização, no entanto, é importante reiterar, não é fruto apenas numa experiência vivencial neste plano ou em outro. Pelas condições de simplicidade dos espíritos, há, sim, um caminho de busca da perfeição que atravessa muitos estágios, beirando o não saber, até ser tocado pela sensibilidade e abrir os olhos para ver.

O véu da ignorância não se descortina instantaneamente. Ele requer muito e muito tempo, condicionado ao esforço que faz o espírito para avançar. É lento seu desdobre. E já foi colocado o quanto os planetas, os orbes, os espaços densos obstruem as condições evolutivas. À medida da ascendência, as condições vão se tornando mais favoráveis, dependendo, é claro, das linhas de ação, das decisões de cada espírito.

A semente do bem está inscrita em todos. Muitas vezes, no entanto, é necessário que a vontade prevaleça, superando empecilhos, anulando entraves e colocando ações fortes a caminho do aprimoramento.

A conscientização é justamente o marco do início da fase em que o espírito, de posse do entendimento, parte em busca do que lhe trará condições de crescer. Ainda assim, por mais que haja a consciência, há que rodeá-la de condições dela derivadas, que vão promover mudanças.

Não há que haver uma tomada de consciência estática, contemplativa. A tomada de consciência deve ser o marco que impulsione uma nova postura e uma nova ação. Quando não ocorre, perde-se o tempo, estaciona-se, patina-se, e não se vai adiante.

A partir da tomada de consciência a visão se alarga e o ser se vê inserido num universo bipartido, e ao mesmo tempo único. É um espírito que se sabe imortal, com passado existente e não lembrado e com o futuro a construir.

É um espírito vestindo um corpo material, num mundo povoado de espíritos da mesma forma, vestidos com um corpo material. É um espírito que, como os outros, findando o tempo da experiência terrena, deixará esse corpo e voltará ao lugar de origem, continuando suas tarefas evolutivas a partir dos ganhos, ou não, ocorridos na encarnação.

Essa tomada de consciência deve ser básica para clarear uma visão larga das possibilidades e dos deveres para consigo próprio e seu andamento.

Sim, porque a conscientização, antes de tudo, dá ao homem a apropriação de si próprio. Não deve ele, a cada momento, pedir perdão a um Deus que o criou e que só vai lhe culpar ou perdoar. É isso um pensamento arcaico e até mesmo infantil. Na conscientização, ele sabe que somente a *pessoa* é responsável pelos seus pensamentos e atos.

A conscientização dá ao homem, igualmente, o poder de optar pelos caminhos e orientações mais adequados e condizentes com a direção que se propuser.

A conscientização é uma tela de opções, a partir do toque da alma.

Mais longos os caminhos, com mais meandros, com mais dificuldades e entraves vão apontar espíritos ainda não conscientizados de fato. Ao passo que aqueles cuja humildade, fruto de uma mansidão de alma, aflorar numa consciência plena de equilíbrio e disposição para o reto caminho do bem, terão por certo suas andanças mais céleres e sua ascendência em menos tempo.

Voltemos novamente ao Planeta Terra, nas condições em que ora se apresenta, ainda ou já em transição, mas apresentando muitas dificuldades à evolução dos seres.

A conscientização ainda sofre a influência das inúmeras interferências materiais que, ao rodearem os homens com aparatos, desafios e tentações, o impedem de ter uma parada para pensar. E nessa parada se questionar. E nessa parada procurar respostas. Tênue é a linha que separa o momento da clareza dos umbrais da ignorância.

O grande instrumento, que poderá acionar com mais força esse movimento, está na semente inserida em cada ser espiritual e que se desenvolve na forma única, abrangente e mágica do amor.

CAPÍTULO 4

A PERCEPÇÃO DA SENSIBILIDADE

O Novo Tempo que se abre pretende que nele esteja um ser mais iluminado que já tenha sido aquinhoado com o dom, ou o toque do despertar da sensibilidade, para ver a vida com os olhos mais abertos.

Com olhos que possam alcançar mundos: os mundos externos a ele e os mundos do seu interior.

Na visão externa, a consciência da existência, não de um ou de dois, mas de muitos mundos, de acordo com os estágios pelos quais passam os espíritos. A consciência da diversidade e das peculiaridades de cada um, ainda que sem ter noções exatas ou conhecimentos expressivos e detalhados. A visão externa também, que faz ver a imortalidade desses espíritos que desde o início dos tempos existem e escalam os degraus de aprimoramento, em busca da perfeição, espelhada no Ser Maior. A visão externa que traz a noção de que essa trajetória é única e individual e no grande espaço da existência do espírito está vinculada, só e exclusivamente a ele, sendo ele, o espírito, o único responsável pela mais lenta ou mais rápida escalada evolutiva, pelas facilidades ou dificuldades encontradas e sua superação.

Ainda, a visão externa deve proporcionar a noção de que quanto mais denso e material o entorno e o relacionamento com esse entorno, mais penosa e difícil torna-se a caminhada, ao passo que na relação em espaços mais sutis a leveza faz com que tudo fique mais fluido e muito mais fácil de contornar.

Paralelamente, a visão interna faz com que o ser encarnado também descortine universos semelhantes.

Quanto mais pétreo o espírito, mais difícil de vislumbrar o que foge à densidade.

Quanto mais grosseiro, menos condições de perceber sutilezas. Quanto mais sombrio, menos luminosidade; quanto mais triste, menos alegria.

Esses mundos interiores condicionam o ser a desempenhar-se em cada exercício existencial, em conformidade com eles.

O grande mérito do processo evolutivo é fazer com que, na medida de seus passos o homem, no caso do espírito encarnado neste planeta Terra, possa alcançar patamares que lhe permitam uma visão mais clara, tanto dos mundos exteriores quanto dos mundos interiores.

É este ponto: o da conscientização, que já foi abordado, que poderá fazer com que haja o inicial ponto de contato entre a realidade observada nos mundos exteriores e a realidade a ser buscada no mundo interior.

Falamos que em mundos densos, grosseiros, pesados, sombrios não há muito que esperar em termos de sutileza e luminosidade, visto que há na densidade que os envolve um estágio ainda pouco evoluído.

No entanto, na medida em que há evolução, há mudança. O contexto se altera, a luz penetra, a sensibilidade brota e a densidade vai se transformando em sutileza. Isso porque os espíritos, que com seus mundos interiores aí habitam, estão mudando e nas suas peculiaridades estão mostrando luz, sensibilidade, leveza, decorrentes de pensamentos e sentimentos cheios de tudo isso.

São estes que hoje estão povoando este Planeta e com suas atitudes, frutos de seu pensar, alterando os parâmetros e trazendo uma nova cobertura e, consequentemente, uma nova dimensão ao planeta Terra.

O que é buscado hoje, para que seja efetivada a Transição, é que essa consciência, ora embrionária em alguns, ora sedimentada em outros, seja uma equilibrada normalidade entre os encarnados.

Deixando assim a Terra ser habitada por espíritos despertos, com responsabilidade para com seu mundo externo, que de uma certa forma é uma responsabilidade com sua crença nos mundos de aperfeiçoamento, em todos os mundos...

Espíritos que transpareçam, de forma já bastante clara, a sua consciência, também desperta e muito, para seu mundo interior, onde tudo antes começa. Com a abertura para uma forma de existir buscando os degraus maiores da perfeição, o homem, o ser encarnado, o espírito deverá mostrar, refletir e espalhar luz, a luz do bem, a luz do amor.

CAPÍTULO 5

ESPIRITUALIDADE: ONDE BUSCAR?

A grande conquista humana de dominar a técnica, e muito da ciência, ainda não atingiu sua alma.

A grande conquista do homem ficou nas coisas materiais e muito pouco buscou das coisas de seu interior, ainda que ele reconheça que há algo mais do que tudo o que se toca. No entanto, há uma grande dificuldade em colocar as questões subjetivas da vida num plano passível de questionamento profundo que as tornem verdadeiramente prioritárias.

As múltiplas e incomensuráveis variáveis que envolvem o ser desde seu nascimento, numa constante sequência de momentos e acontecimentos, o tem embriagado. Fica o ser encarnado praticamente possuído por uma visão de mundo fascinante, desafiadora ou sofredora, deprimente. Atraente ou não, feliz ou não, tranquila ou não, o fato é que, seja qual for o cenário emocional que a situação proporcione a cada um, a reação é sempre de imersão, aproveitamento, entrega.

O homem se entrega ao seu mundo, passa a ser parte dele e compõe, ao longo de sua vida, a trajetória pertinente aos valores que elege.

E quando vislumbramos esse homem, ele ainda hoje elege valores muito ligados à sua condição material. A grande conquista humana deste Novo Tempo é ultrapassar essa fase e penetrar, com afinco e determinação, na busca consciente e firme da verdadeira forma de viver sua vida nesta Terra.

Os cenários continuarão sendo os mesmos, de acordo com as necessidades que, para esta encarnação, foram selecionadas.

Tanto do ponto de vista material, espaço e formas físicas, sociais, familiares e pessoais, quanto do emocional, o espírito encarnado vai ter que conviver com as experiências necessárias à sua evolução.

Nada vai mudar nesse aspecto. O que deverá mudar é a forma de o homem compreender o mundo. E nessa direção devem caminhar os homens daqui para frente.

Já foi falado na consciência. É ela que deverá ser revelada, ser desvendada e, iluminando-se aclarar a noção de um mundo maior, bem maior do que tudo o que o conhecimento trouxe até aqui.

A história da humanidade é impregnada de lições, de noções, de sinais, de exemplos de tudo o que é necessário para o despertamento dessa consciência.

A história da humanidade é muito extensa. Em todos os tempos houve sinais de que haveria que ter despertamento para um olhar bem mais longo sobre a existência.

A trajetória humana, no entanto, malgrado o apadrinhamento do mundo espiritual, que buscou sempre auxiliá-la em sua escala evolutiva, dando as informações coerentes com suas condições de absorção, ainda hoje não conseguiu direcionar-se, com segurança e certeza, no rumo ascendente.

Ainda hoje questionamentos, dúvidas, incertezas obstaculizam os pensamentos voltados ao amor, ao amor incondicional, ao amor de irmãos, que é a meta dos espíritos mais evoluídos.

Ainda hoje muitos sentimentos existem, em cada ser, que não fazem parte dos que se esperam de seres esclarecidos e conscientes.

Há que fazer uma parada no dia a dia, e pensar mais. Essa parada, muitas vezes, surge provocada por acontecimentos doídos, que petrificam, angustiam e assustam. Nesse momento, ele para e pensa.

Pode também ocorrer num momento de dor intensa, de separação, de saudade. Também, para e pensa. Poucas vezes ocorrem esses momentos em situações felizes, em comemorações festivas, em alegria.

O ditado que fala na procura da espiritualidade "por amor ou pela dor" parece ter fundamento. O que procura por amor, encontra com base em sua própria vivência, nas conquistas de sua alma, que através de sucessivas experiências galga o patamar do esclarecimento. O que procura pela dor, se vê premido, carente, mas esperançoso. É a esperança que leva à busca de auxílio em sua necessidade, mas já tendo a semente da confiança em seu interior, que já é a semente de sua conscientização.

De qualquer forma, a conquista dos espíritos encarnados, neste Planeta em transição, refere-se ao conhecimento e domínio dessa experiência. Prescrutar sua alma, conhecê-la, auxiliá-la a tornar-se passageira atuante nessa viagem, para torná-la produtiva e ascendente.

Dela tirar todos os componentes pesados, densos e substituí-los por leves, sutis e amorosos.

Os homens, habitantes deste planeta hoje, vésperas de um Novo Tempo deverão conscientemente posicionar-se, organizando uma trilha ornada e forrada das melhores condições, para que todos possam, na sua travessia, colher frutos de bondade e colocá-los como bagagem ao final.

CAPÍTULO 6

A BUSCA DA EVOLUÇÃO MORAL

Nas várias paragens do infinito, inúmeros mundos experimentam realidades as mais distintas, conforme o atraso ou o adiantamento dos espíritos que lá habitam.

Não há ainda, para o homem encarnado no planeta Terra, nos moldes que convencionou chamar de *Provas e Expiações* conforme orientação recebida de seus acompanhantes espirituais, a condição de lembrar com clareza e espontaneamente as experiências já vividas em outros planos.

Haverá um dia? Poderão perguntar.

A trajetória espiritual prescinde desse detalhe quando se vê frente a nova oportunidade reencarnatória.

A lembrança do que já experienciou o espírito em outras vidas não daria a condição isenta de se deparar com os componentes de cada experiência.

O que o espírito deve saber e guardar está explícito e claro na sua forma de pensar e de agir, porque são os sedimentos que se tornam as bases, e os sedimentos vêm das conquistas alcançadas nas múltiplas fases da ascendência.

Cada degrau é conquista. Conquista que faz abrir mais e mais degraus feitos do conhecimento e da sabedoria, amealhados ao longo da jornada.

Esse conhecimento tem sido trazido na Terra, ao longo de milhares de anos, de incontáveis gerações que vão depositando, através de suas experiências, a sabedoria que puderam organizar e alcançar. Lentamente, muito lentamente, e não de forma organizada, a sabedoria e o conhecimento do homem encarnado sobre a vida foi se depositando.

Já foi visto, e muito se bate, sobre a incrível discrepância que existe entre esse lado, mais subjetivo e moral, e o lado mais prático e técnico.

O homem de hoje vê-se muito evoluído e com um arsenal tecnológico e científico à sua disposição, mas que, pelas condições materiais nem sempre favoráveis, faz este mundo ser de poucos e privilegiados.

Não houve o desenvolvimento do sentimento de coletividade. Não há repartição, nem igualdade. Há seleção, há discriminação. Há os privilégios e os privilegiados.

Por quê? Porque o homem de hoje, que se vê evoluído em muitos aspectos práticos e materiais, não percebe que está sumamente atrasado no âmbito do crescimento moral.

Há um incrível distanciamento entre os seres. Há uma enorme lacuna entre um ser e outro.

À exceção do núcleo familiar, o homem ainda não aprendeu a estender a sua sabedoria afetiva e moral aos outros seres. Ele não aprendeu ainda a vivenciar o amor fraterno, quanto mais o amor incondicional, a meta do espírito. Assim, ainda enclausurado dentro do seu pequeno mundo interior, não vê que a monumental conquista de toda a existência do planeta Terra, que abrange avanços impensáveis em muitas áreas do conhecimento humano, está defasada. Não podemos dizer incompleta, pois que isso é a característica normal, uma vez que a completude é a perfeição, e esta está ainda muito distante.

Mas, podemos dizer que ainda está pela metade.

Foram necessárias atitudes marcantes, firmes e permanentes para a obtenção de resultados em cada área da técnica, da ciência e da tecnologia e de tantas outras que nos últimos tempos mudaram a face do planeta.

O homem está com a vida mais longa. As doenças, muitas já foram debeladas. A vida é preservada através de transplante. A juventude pode ser mantida pela cirurgia plástica, que também elimina imperfeições.

O mundo se atravessa em horas, pelo domínio dos ares. O que se passa em um momento, em um lugar, o mundo sabe num instante. Não há hiato de tempo no acontecido e na notícia.

O mundo ficou visível. A imagem adentrou nas casas, trazendo o real em tempo real. E esse é o mundo real onde todas essas realidades acontecem.

O homem sabe de seus irmãos. Sabe que existem e, em que condições. Sabe e tem que saber também da necessidade de ter atitudes marcantes, firmes e permanentes hoje, para buscar, como fez com todas as áreas práticas onde evoluiu, o outro lado.

O lado omisso.

O lado que falta.

A lacuna na evolução.

O caminho para a evolução.

Buscar a evolução moral, que o fará saber realmente que todos os que existem, além dos amores familiares, também merecem ser amados, aquinhoados, abençoados, queridos.

Buscar a evolução moral que o fará valorizar o bem como a única ferramenta para essa tarefa.

Buscar a evolução moral para buscar, através dela, o seu irmão.

CAPÍTULO 7

NOVA VISÃO

A vida na Terra, como a vida em qualquer mundo onde os espíritos habitam com o objetivo de se aperfeiçoarem, é algo bastante sério, no entanto, ainda não esclarecido; o homem que tem habitado a Terra não está suficientemente lúcido para ter essa visão.

Assim, desde o nascimento, a maioria é envolvida por uma grande ordem de fatos que, paulatinamente, encaminham a abordagem de conhecimento para o âmbito material.

Poucos são ainda os locais e os povos que desde cedo passam, às criaturas recém-natas, a noção de algo mais que a vida terrena. Poucos são os que já têm em seu núcleo a noção já mais clara de uma vida sutil, maior que a matéria. Para estes, não é difícil mensurar e valorizar a experiência terrena, buscando fazer com que as suas ações, decorrentes desse pensamento assim fundamentado, tenham mais qualidade.

Fundamento baseado na crença de que, se há um propósito para esse tempo na Terra, é evidente que esse propósito está ligado ao aprimoramento do espírito.

O mundo vivenciado no planeta ainda atrasado como a Terra, malgrado estar em transição, hipnotizou o homem de muitas maneiras. Há uma busca sempre por algo que, na grande maioria das vezes, é diametralmente oposto ao real objetivo da proposta encarnatória.

Vemos as disparidades ocorrerem ao olharmos para os seres fanatizados que, em nome de religiões e deuses, não hesitam em trucidar seus irmãos como missões sagradas, em guerras impensáveis para este tempo. Tempo que já somou tantas eras primitivas, onde poderiam ser justificadas tais ações, pela insensatez e pela ignorância dos espíritos que aqui habitavam.

Vemos, em nome também de Deus, igrejas e religiões sediarem em templos luxuosos, cujo valor histórico e monetário não justifica a quantia de seres famintos, sem condições de serem alimentados, num exemplo claro de discordância entre a teoria pregada e eleita por essa fé, onde a caridade e o amor são ressaltados, e a prática observada.

Temos também, em nome de atualização e progresso, o ser humano envolvido num oceano de opções onde, desde o círculo familiar, cultua o consumismo, o prazer, o lazer e faz do trabalho o instrumento para a obtenção de recursos para uma vida onde essas práticas sejam usufruídas.

E nessa ordem, na busca apenas de prazeres e lazeres, não há uma firmeza de propósitos valorizando os relacionamentos, as famílias, os filhos. Nesse descompasso, valores se perdem, exemplos deixam de acontecer, crianças crescem divididas e muitas vezes amadurecem prematuramente, levando para toda a sua existência as doloridas marcas do descaso e do desamor, da insegurança e do descompromisso.

As mais influentes pessoas que são visíveis, as que têm altos cargos e se projetam através da mídia, também ainda, na grande maioria dos casos, não se dão conta do seu papel.

Muito poucos, ainda que já existam, são os que se mostram como exemplos de retidão, de coerência, de compromisso, e menos ainda os que passam a imagem de bondade, de acolhimento, de incentivo à paz e à fraternidade.

Essa mudança de olhar para a passagem terrena hoje é fundamental. É ela que vai determinar as novas formas de o homem visualizar e assumir o planeta.

Sim, porque na mudança de olhar, na seriedade com que a vida deverá ser vista, o homem vai se dar conta do quanto tem feito em relação ao cenário que o envolve.

Matas, mares, ares, ao longo do povoamento do planeta pelo homem, tem sido castigados, devastados, massacrados.

As primeiras ações humanas, a partir da sua conscientização, deverão se voltar a tudo o que foi feito até agora e, numa avaliação de suas ações nefastas ao seu planeta, repensar os próximos comportamentos para consertar o que foi destruído e danificado.

Arrumar a casa e trazer para dentro dela novas formas de tratamento, com mais cuidado, responsabilidade e zelo. Trazer para dentro dela um novo conceito em relação aos seus habitantes, seres iguais na sua proposta, mas diferentes nas formas de executá-la.

Seres iguais nas suas condições básicas: espíritos em trabalho de aperfeiçoamento, mas de diferentes patamares evolutivos.

Seres iguais nas condições de relacionamento, mas diferentes em suas formas encarnatórias.

O que hoje, finalmente, é imprescindível nesse quadro de mudança é que haja a preocupação de trazer, dentro dessa visão de Planeta de Regeneração, seres que se identifiquem como pertencentes à grande Família Universal, onde todos, sem exceção, são irmãos.

CAPÍTULO 8

VONTADE, A NECESSÁRIA FORÇA

É indiscutível o papel imenso que a vontade tem no processo evolutivo. A vontade se manifesta quando há uma avaliação, e desta emerge um juízo de valor. Tudo isso dentro da fase que já foi abordada, da conscientização.

É todo um processo que vai clareando aos poucos e, ao mesmo tempo em que vem à luz, vai se aprofundando cada vez mais no interior do ser.

Tudo isso funciona então como um despertamento. Na medida em que o pensamento vai compondo o quadro da realidade existencial, o indivíduo se vê como centro, organizador e direcionador de sua vida. Ele se vê como agente de seu destino, como responsável por si e pelos rumos de sua vida. Ele se assume como responsável por seus pensamentos e atos.

É perfeitamente normal, em decorrência, seu pensar avaliativo, detalhado e crítico sobre tudo o que já passou e como agiu, em cada etapa já vivenciada. E, dependendo disso, também é normal que haja um pensamento orientado por decisões acerca dos caminhos a seguir.

É claro que aqui citamos seres a caminho que, em determinado ponto da jornada existencial, tenham tido esse *toque de alma*.

Muitos existem já, no planeta, em condições assim, desde seu nascimento, cujo desenvolvimento e orientação inatos sempre foram direcionados para uma postura correta, ascendente na trilha do bem. Mas se sabe que não é ainda a maioria; pelo contrário, são poucos os nascidos já bem esclarecidos e são muitos os que despertam em alguma fase da experiência terrena, como se tem dito, acuados pela dor ou sensibilizados pelo amor.

Mas, voltando à situação do despertamento, da avaliação e da valorização da vida frente à realidade que a contempla como uma experiência em dois mundos, temos o homem frente a um necessário posicionamento.

Ao se ver de posse desse conhecimento, situa-se como o grande responsável por si próprio, cabendo-lhe o ônus da clareza e do discernimento em suas decisões. Normalmente, nessa análise de vida há a necessidade de um exame de postura, relacionamento, objetivos, numa verdadeira revisão de projetos e ações.

Os porquês, muitos já respondidos, vão se tornar a base sedimentar da necessidade de mudança.

A crença deve dar lugar ao saber. Em vez de creio, o homem vai dizer: eu sei.

E no projeto de mudança, as ações serão decorrentes do pensamento coerente com o que sabe. Mas, projetos são da área do pensar, do elaborar, quiçá do fantasiar. São subjetivos e ficam no plano etéreo do sonho até se tornarem realidade, quando colocados e expressos na vivência do cotidiano. Para isso, é necessária uma mola propulsora: a vontade.

Ela é a energia vibrante, atuante e, quanto mais forte, mais real vai tornar as diretrizes imaginadas. Ela também parte dessa nova fase humana de organização ou reorganização dos princípios e das formas de habitar o planeta. No homem novo, o homem da Nova Era, ela surge como determinante para a ocorrência da mudança.

E como a nova fase do planeta será visível num tempo ainda não sabido, o que podemos adiantar é que dessa vontade dos homens é que dependerá a maior ou menor rapidez para o alcance do novo patamar da Terra.

Mais do que nunca, é importante passar aos espíritos que aqui estão encarnando, desde cedo, valores como consciência e firmeza na formação das personalidades, para que possam lutar na vida com vontade muito autêntica e muito segura, pelo que acreditam.

Tudo o que puder ser orientado nesse sentido, desde cedo, fará diferença quando realmente tiverem a clareza e a noção da necessidade de um posicionamento e de um encaminhamento em sua existência terrena. O que dará movimento e velocidade às conquistas dos espíritos, fazendo-os alcançar cada vez mais altos degraus na escalada evolutiva, serão todos os componentes que estiverem presentes, fortalecendo a energia propulsora da vontade.

Sem limitações restritivas, mas livre dentro de sua fé, o Homem Novo poderá acionar sua vontade e encaminhar-se entre seus irmãos, ao lado deles e com eles, para viver numa atmosfera de paz, de caridade e companheirismo, e exercitando tudo que conseguir, sempre na trilha abençoada do amor.

CAPÍTULO 9

INSTINTO E RAZÃO

Há um momento em que o espírito encarnado se vê à frente da verdade. Ainda que haja milhões e nenhum seja igual, todos já passaram, passam ou passarão por esse momento.

É um momento que marca a transição do antes e do depois de uma caminhada, que parte de uma simplicidade e de uma ignorância para o patamar do conhecimento e do saber.

Mas, irão perguntar: se há um Deus, sábio e bom, Pai de todos, como poderá trazer ao mundo seus filhos tão imperfeitos ou tão atrasados?

Na grande sabedoria do Universo há uma lei de evolução dentro da natureza, de tudo. E a evolução estagiada no homem passa anteriormente por muitas fases pregressas, onde várias são as características. O mineral absorve os elementos que o rodeiam para a aglutinação e a sedimentação, o vegetal absorve a seiva orgânica para seu desenvolvimento e brotação; o animal já apresenta, além da absorção do alimento para se manter e crescer, a mobilidade, as ações de preservação da espécie, para a procriação, para a defesa e para a marcação de território. É o que se chama de instinto.

Já o homem, absorve também o alimento, e como animal, também é entranhado de instinto, o estágio que herda como todos herdaram de sua categoria anterior. Como animal superior, conforme alguns nomeiam, o homem apresenta mais condições e condições diversas dos demais espécimes do reino animal.

É a condição de pensamento contínuo, do estabelecimento de relações de causa e efeito, do despertar da consciência que o fazem ter condições de avaliar e educar o seu instinto, ficando apto ao convívio social de uma forma mais adequada ao patamar hominal.

Assim, a cada estágio evolutivo há uma progressão e no estágio em que há condições de pensamento e ação, começa a expectativa do despertamento para a busca do sentido da vida.

Quanto mais cedo para o espírito esse acordar, mais cedo ele estará apto a novas esferas evolutivas e, a cada ascensão, mais facilitadas são as condições de sua recepção e suas absorções.

Quanto mais lento para o espírito esse acordar, mais evidente fica a dificuldade de se livrar das amarras do instinto e penetrar no âmbito da razão.

Deus, na sua infinita bondade, dá a cada um a oportunidade de crescer e evoluir, a partir do patamar onde se encontra. Ora, sabe-se bem que os estágios são inúmeros e que cada um vai chegar no seu tempo ao ponto de ficar apto a evoluir, já adentrando lúcido a um mundo de menos instintos e mais razão: o grande diferencial do animal homem

Se olharmos hoje a Terra, com tudo o que chega sobre comportamento humano, podemos nitidamente observar que, apesar de haver movimento e seres já envolvidos na caridade e no bem, há muito de instinto ainda dominando os homens. O instinto sempre fará parte do homem, mas a razão o mostra noutro estágio. É no despertar para a verdade, no toque de alma, no ver a luz ou como se queira denominar o instante da lucidez sobre a vida, que vai demonstrar sua aptidão para os novos passos.

E os novos passos são de uma caminhada que objetiva o desenvolvimento moral.

É a busca das respostas e a consciência de seu papel na passagem terrena que o farão se sentir responsável por si e autor de sua história.

CAPÍTULO 10

VALORES: O DESPERTAR DO CORAÇÃO

Entre todas as ordens da Criação no planeta Terra, a criação do homem culmina o ciclo. É na criação do homem que a natureza tende a atingir o grau máximo da evolução possível nesse patamar.

É essa a proposta que o planeta apresenta aos que aqui estagiam. Malgrado as situações de cada espírito, nem sempre há o aproveitamento que poderia haver.

Já foi bastante dimensionada a grande tarefa que é, apesar de todas as condições favoráveis ou não, emergir de um estágio de desenvolvimento a outro. Mas, é no complexo universo mental humano que a natureza chega ao ponto de oportunizar o uso de todos os elementos possíveis para uma experiência evolutiva completa. Dotado de intelecto, o mais evoluído da escala animal, o homem reúne qualidades que o fazem crescer e dominar, com sabedoria e destreza, os mais variados materiais e usando da criatividade poderosa com que foi dotado, torná-los passíveis de se tornarem seus aliados na construção de um ambiente de conforto, que lhe propicie condições mais favoráveis de vida.

Mas, ainda que tenha chegado ao ponto de conseguir seu intento, desenvolveu-se a humanidade, como um todo, parcialmente. E isso, sob mais de um aspecto.

No aspecto global, se pudermos mapear o mundo, hoje veremos as diferentes zonas desenvolvidas do ponto de vista material e as não desenvolvidas, muitas ainda quase selvagens.

Do ponto de vista individual, também vemos, em todos os lugares, a contrastante imagem de homens com condições de absorver e consumir os avanços materiais, sejam físicos, técnicos ou tecnológicos frente a seres que, em absoluto, têm condições sequer de se aproximar de tais avanços.

Quando nos referimos à condição humana de utilizar todas as benesses que a experiência terrena propicia, falamos do ser total, atingindo aquele estágio onde o *toque de alma* o fez visualizar o quanto há que ter conhecimento e fé para poder abraçar verdadeiramente a oportunidade.

São esses, nesse patamar, os que podem ver que o intelecto que avançou e conquistou a matéria tem que voltar agora ao desenvolvimento do sentimento. Tem que, cada vez mais, distanciar-se do primitivismo do homem que adentrou no planeta, para aproximar-se do homem que deixará este lugar para experienciar em planetas mais sutis.

O passaporte para isso se chama amor, sentimento nobre e embasamento da mudança que fará a completude da experiência terrena. Sim, porque até aqui, muitos foram os avanços, as conquistas que mostraram o desenvolvimento humano. Mas mais, muito mais no âmbito material, ficando ainda longe o aspecto da moralidade.

O crescimento material, as conquistas em todos os campos, a tecnologia, até agora serviram, como já foi dito, para a melhoria física da vida humana.

O que será necessário para que esse avanço se complete? O despertar do coração. Mas, não apenas. A partir daí se descortina um outro segmento, um imenso caminho que deve ser trilhado passo a passo, amealhando a cada etapa conquistas morais. Se de novo mapearmos a humanidade hoje, veremos que aos poucos, muito timidamente ainda, alguns já descobrem e seguem essa trilha.

Mas, é preciso mais, bem mais. É preciso que se una todo o arsenal de progresso, que a inteligência e a criatividade dos humanos elaboraram, e todos os projetos morais a serem divulgados e alcançados. É preciso que mais e mais se objetive galgar, como nas outras áreas, pontos e lugares mais altos da escala evolutiva, na busca agora de valores, os valores que levem a raça humana a sua condição mais elevada, dentro da escala evolutiva proposta para este planeta.

CAPÍTULO 11

A EXISTÊNCIA REAL

Buscando no seu interior, o homem se encontrará e desvendará a sua realidade existencial.

Nessa busca, nem sempre exitosa, há uma longa jornada a ser cumprida.

É necessário, é claro, haver já um tempo de conscientização. É esse tempo que vai oportunizar a valorização da busca interior.

Quem sou? A pergunta solta, sem nada de apoio, soa sem nexo e sem resposta.

No entanto, ancorada já em um conhecimento que faz emergir a sabedoria do entorno, ela adquire valor e oportuniza respostas.

Quem sou abrange respostas que vão desde a espécie, a forma física, a situação espiritual até as predisposições, as qualidades, os talentos. Da mesma forma, outras perguntas dessa fase, como:

– O que faço aqui? ou

– Por que estou aqui? ou ainda

– O que vim fazer aqui? e

– Para onde vou? adquirem substância, promovem o pensar e alargam a percepção da vida e do mundo.

Todas são necessárias, não só para a tomada de consciência, como para a deliberação quanto aos direcionamentos da existência.

Esses passos são uns decorrentes dos outros. Na medida da conscientização, abre-se um grande leque de questionamentos, que, por sua vez, se ampliam para uma visão descortinada da realidade em que o homem está inserido.

E é, a partir daí, formulando perguntas e buscando respostas, que o homem da Nova Era começa a tomar forma.

A importância da experiência terrena é valorizada e a complexidade dos elementos que compõe vai sendo visível. Em consequência do amadurecimento espiritual que possibilitou a entrada nessa fase, há a possibilidade também de o homem poder situar-se frente a essa realidade cuja visão conquistou.

Situado, pode avaliar-se e tomar as decisões sobre a condução de seus passos dali para frente.

Com os olhos bem mais abertos, vai poder equacionar todos os elementos que conhece em sua experiência terrena e colocá-los cada um no lugar que lhe compete.

Tudo isso, desde os primeiros passos, são conquistas evolutivas. A escala de valores, por certo, mudará consideravelmente. Ao entorno do material, será dada a devida importância, nunca mais do que o necessário. Ao físico, o cuidado e a valorização de um instrumento necessário à prática e ao desempenho da tarefa no planeta, enquanto encarnado.

Ao emocional, igualmente, o cuidado para que mantenha o equilíbrio necessário ao desempenho da etapa vivencial. Ao afetivo, a busca de traduzir, em ações práticas, os sentimentos mais puros de amor, caridade e fraternidade. Ao cenário dessa experiência, a Natureza, que é o cenário de todas as existências no planeta, o respeito e a conservação.

Todos esses valores farão parte do Mundo Novo não como hoje, exceções, mas como ações triviais, rotineiras, exercidas por todos.

Como já foi abordado, o resquício do instinto é parte da evolução humana. Sempre haverá, pois na escala evolutiva se constitui num degrau. No entanto, no homem, aos poucos vai cedendo lugar à inteligência e à razão. No homem da Nova Era, o instinto, é claro, vai ainda vigorar, pois é da natureza do ser animal. Apenas ficará ainda latente a parte mais sutil do instinto, a base para a ancoragem de sentimentos nobres e luminosos.

Assim, com o coração repleto de amorosidade, o homem vai se comunicar, se entender, se relacionar com todos os seus semelhantes numa faixa vibratória repleta de paz.

Agressividade, violência, maldade serão banidos naturalmente, como todos os sentimentos que sejam nefastos ao bom convívio entre os humanos.

A vida vai ser realmente um valor. Não apenas por ser o momento de um nascimento, de um ser novo que vem ao mundo.

A vida vai ser vista como é e como sempre deveria ter sido vista, mas até hoje não houve possibilidade ainda.

Um valor por ser única para cada um. Por ser um capítulo na história de cada um. E por oportunizar a cada um que a aproveite para fazer dela o melhor capítulo de sua história.

CAPÍTULO 12

O CRESCIMENTO ATRAVÉS DAS CONQUISTAS

Pela história da vida humana no planeta vemos o quanto foi lenta a sua progressão. Foram milênios desde a ocupação do espaço terrestre pela raça *Homini* ou *Homo sapiens*, até dar mostra de domínio ou pelo menos de grau avançado de conhecimento em alguma área ou ciência. Por muito e muito tempo, viveu mergulhado na ignorância, no primitivismo e dominado ainda pelos resquícios fortes do instinto, traço de sua pregressa forma.

À medida que avançou no conhecimento e na ciência, também continuou na ignorância de outras áreas vitais para sua evolução. Já foi dito que a forma humana na escala evolutiva cabível nesta faixa planetária é a maior possibilidade que pode haver. No entanto, ainda que de forma bem lenta, é certo, o homem tenha alcançado progresso nas conquistas ditas materiais, o lado do sentimento, da emoção, da moral, está ainda em fase quase embrionária.

Pode-se dizer até que há uma outra etapa, tão grande quanto a já desvendada, mas muito mais importante e, também, infinitamente mais difícil. Para cumpri-la é necessário que o espírito encarnado nesta forma humana procure novamente buscar a essência do conhecimento, procure conquistar a sabedoria e procure usar resultado de sua busca na prática.

Só que, se nas investidas que duraram séculos o campo era o do saber e do domínio do conhecimento prático voltado às conquistas de uma vida de mais conforto, de mais técnica e tecnologia, de maior longevidade, de aproximação dos povos, de comunicação, agora o campo a desvendar é igualmente vasto e se torna bem mais complexo, pois se reduz ao interior de cada ser.

Se para o avanço no campo das conquistas materiais houve um sem-número de tentativas e de degraus, se foram necessários milhares de experimentos para validar teorias cujos embasamentos foram básicos para novos inventos, achados ou paradigmas, no novo campo, o das conquistas morais, igualmente etapas terão que existir.

Já foi dito, também, que na experiência humana os avanços que hoje visivelmente mudaram a face do planeta em muitos aspectos, desde metrópoles, fábricas, e um imenso arsenal de produtos de consumo, ao mesmo tempo em que facilitam a vida prática, dificultam o acesso ao patamar interior.

Para voltar-se ao ponto que está hoje defasado, esperando por propulsão, o homem necessita rever valores.

Ora, o consumo variado e tentador, que hoje é oferecido, é de tal forma envolvente que blinda o pensamento a etapas mais sutis.

A materialidade funciona como objetivo em si. As conquistas e as realizações permanecem, fixam-se e se justificam na esfera da posse.

E a vida ainda, para muitos, se resume em ter e conquistar. É, pois, preciso rever os conceitos e redimensionar valores, perceber a importância sobrepujante de ser. E partir para a análise de tudo o que é necessário para adentrar e galgar os degraus dessa proposta.

Foram muitas eras, idades tiveram nomes, civilizações deixaram rastros e marcas. Houve crescimento, apogeu, destruição, houve reconstrução. Muitas foram as conquistas cujo saldo foi se empilhando e sedimentando, ao longo de todo este tempo para que, materialmente, o homem avançasse e conquistasse o que hoje exibe. Tudo isso, porém, tem que ser repetido, só que agora não no entorno, mas no interior de cada ser.

Haverá crescimento, apogeu, destruição, mas também reconstrução. E de tudo isso haverá as bases para uma estrutura interior, pautada em sentimentos elevados, que possibilite o aproveitamento, em termos ideais, das condições que a encarnação na forma de homem, o *Homo sapiens,* possibilita.

O homem da Nova Era vai reproduzir, no seu interior, as conquistas que estão tornando o planeta inovador e cheio de possibilidades.

Vai procurar no plano moral aplicar, a cada pensamento e a cada ação, formas coerentes com o que sabe ser capaz de aprumá-lo e, de maneira completa, conduzi-lo na escala ascendente do amor.

CAPÍTULO 13

PARA ONDE VOU? A VOZ DA CONSCIÊNCIA

Para que haja condições de um verdadeiro progresso, o ser humano ao chegar ao nível onde pode já ter sua consciência aclarada, precisa parar e pensar. Visualizar o seu papel frente à realidade do espaço vivencial, e ter bem presente que é um viajante no tempo e sua estada limitada, na Terra.

Também precisa ter a clareza de avaliar suas necessidades frente à proposta, que já sabe ser a da oportunidade vivencial. Proposta que objetiva seu crescimento espiritual dentro de um cenário repleto de oportunidades, para quem já entende ou um cenário apenas de dificuldades e empecilhos, àqueles que ainda não estão esclarecidos.

A avaliação das necessidades parte, é claro, do autoconhecimento. Aí as respostas começam a ser às perguntas que passam a ter sentido.

O *que sou?* Mostra um ser que se dá conta de ter algum sentido sua existência. Leva à percepção de um organismo vivo, material, que envolve um imo, uma alma, um espírito imaterial, mas que anima o material.

O *por que aqui estou?* traz a certeza da finalidade. Já antevê uma mudança em face a uma razão. E, no seguir das constatações vai surgir o propósito de uma lei que promove e embasa a evolução. Eu estou aqui para crescer. Eu estou aqui para melhorar, auxiliar, amar.

O *para onde vou?*, na sequência, vai justificar toda a trajetória vivencial, apontando o caminho à perfeição. Despojar-se da ignorância, desapegar-se da matéria, sentir a beleza do etéreo, procurar o mergulho na paz, na caridade, espelhar e espalhar amor e experimentar pelo menos, o amor incondicional vão fazer parte da resposta a esta pergunta. É nesse patamar e sobre o prisma dessas colocações que o pensamento do homem da Nova Era vai planar.

É com todas essas respostas que ele vai se autoanalisar e se colocar despido de vaidades, frente a frente com a sua visão de mundo, de trajetória neste mundo e de alcance de meta nesta vivência.

Como foi visto, há uma meta, esta meta especifica uma forma, um modelo a ser alcançado, e que se coloca como o mais perto possível da perfeição, da imagem do Criador.

Como se sabe, no patamar evolutivo do planeta Terra, a forma humana é a que contém as condições de atingir os objetivos mais elevados para essa esfera.

Nesse ponto é que o homem deste tempo vai poder vislumbrar até onde pode ir, a partir da sua autoanálise frente a toda a realidade que o envolve.

Numa linha ascendente no bem, há como se situar, avaliando pensamentos e atos constantes do dia a dia, em todas as épocas vividas e em todas as situações. Simpatias, empatias, antipatias. Querenças e malquerenças, amizades e inimizades, vaidades e modéstias, orgulhos e simplicidades, bondades e maldades, amores e desamores, doçuras e amarguras, entre situações, entre pessoas, são elementos a serem confrontados para serem averiguados, computados, reformulados.

A vida passada a limpo, sob o filtro da vontade de fazer parte ativa de um processo de mudança interior, um processo de depuração que será passaporte para inserção em uma nova ordem. É essa a forma vivencial que deverá assumir a totalidade de seres terrenos na nova era deste planeta.

Já com as respostas claras às perguntas e direcionadas para uma proposta de regeneração, os homens da Nova Era aos poucos vão aglutinar, se consolidar e, na medida de seu avanço, alterar, modificar e clarear o perfil do planeta.

CAPÍTULO 14

O SIGNIFICADO DE VER

São muitas vezes em que há indícios, ao homem, dos caminhos a seguir.

Há em cada dia da existência humana, a cada minuto de cada hora, a cada segundo de cada minuto, lições a serem aprendidas, exemplos a serem seguidos, fatos a serem observados. No entanto, no afã de viver e buscar emoções, ganhos, bens, ou apenas de aproveitar a vida cada vez mais, o homem fecha seus olhos e seus sentidos. Muitas vezes até consegue ver, observar e criticar, mas muito poucas vezes tira o proveito que poderia de cada evento em seu dia a dia.

Na sequência dos acontecimentos, envolve-se de tal maneira em situações triviais, em fatos banais, que não consegue realmente perceber a grande ajuda que a vida lhe proporciona, oferecendo lições a cada passo e sempre.

Abrir seus olhos significa primeiro valorizar algo mais que a simples ocorrência do sobreviver. Abrir seus olhos significa perceber um pouco além do cotidiano material. Abrir seus olhos significa penetrar na outra esfera mais sutil das coisas da alma. É a esse estágio que o homem de hoje tem que pertencer. E é no dia a dia, percebendo aos poucos os grandes conhecimentos que a vida cotidiana é pródiga em trazer, que também, aos poucos, irá se descobrindo como um ser de dois mundos.

A vida ao nascer e a vida ao findar são dois extremos carregados de significados. São verdadeiros mananciais de poderosos indicadores do verdadeiro objetivo desta estada terrestre. A cada momento, na Terra, nascem (encarnam) e morrem (desencarnam) pessoas.

São espíritos que chegam para uma experiência única e espíritos que vão, porque tiveram já sua experiência. Estes dois momentos, abertos à reflexão, seriam mais que suficientes para que o homem se concentrasse, abstraísse de seu pensamento material e ficasse com o pensamento voltado ao lado da sutileza do espírito.

Desde o início do ser vivo na Terra, o homem presencia vida e morte.

E também disso participa, na medida de sua vivência em comunidade. No entanto, apesar do profundo e imenso significado do chegar e partir, para o homem ainda isso se constitui em trivialidade, perturbando-o, mas não sendo estopim de curiosidade ferrenha, de busca incessante de respostas que o levem às conclusões que seriam úteis e relevantes para seu progresso evolutivo.

Se esses dois tópicos, marcos definitivos da passagem pelo planeta, não são suficientes para provocar profunda reflexão, a vida traz um cotidiano a cada um completamente diferenciado, mas cheio dos componentes necessários a seu despertar.

Saúde, relacionamentos, trabalhos, etapas da vida, condições pessoais em todos os aspectos possíveis dançam, misturam-se, entrelaçam-se num quebra-cabeças passível de ser exercitado.

São ofertadas então, ao longo da existência de cada ser, as ajudas para que tenha *olhos de ver* a cada momento. É como se raios de luz estivessem aparecendo a cada instante, passíveis de serem captados por uma lente sensível.

É essa sensibilidade que fará a grande diferenciação nesse novo tempo.

A que conseguirá captar essa luz que vai significar adentrar no mundo sensível, da forma mais sutil.

A cada momento, em todo o planeta, a cada espírito encarnado, esses momentos divinos acontecem. É premente que o homem de hoje em algum instante se aperceba do quanto precisa parar e deixar acontecer a sua iluminação. Parar de correr atrás de sucessos e progressos que não o farão mudar como espírito e buscar, isto sim, correr numa faixa de progresso que o leve a conquistas morais, a conquistas do bem, a degraus mais altos na escalada da busca da ascendência evolutiva.

É preciso que o homem da Nova Era fique atento aos indícios. Não deixe passar as oportunidades de visão maior, que vão levar ao seu crescimento espiritual e que lhe são trazidas no dia a dia pela espiritualidade que acompanha este planeta e que aguarda seu despertar.

CAPÍTULO 15

DECISÕES RUMO À MUDANÇA

Nas várias fases do processo evolutivo, o homem vê-se à frente de tomadas de decisões, às vezes difíceis, mas extremamente necessárias para a orientação da caminhada. No entanto, ao chegar a momentos de maior esclarecimento, essas decisões vão sendo facilitadas pela maior compreensão da realidade e pela visão mais larga dos resultados.

Já toma consciência de que há uma relação de causa-efeito por todo o tempo vivencial do espírito, seja em que orbe for. Já toma consciência, igualmente, de que as atitudes nunca serão respaldadas se não estiverem ancoradas os princípios norteadores do amor.

Nesse conjunto de anteparos há então uma noção já bem mais clara dos pensamentos positivos e, consequentemente, das ações que tipificam. No entanto, nem sempre há a noção de que as coisas não são estanques.

Que não é plausível pensamentos amorosos e cuidadosos com algumas pessoas por exemplo, e pensamentos irados, eivados de mágoas ou inveja, com outras. Formas opostas de pensamentos, conforme a situação.

Valorização do supérfluo, desvalorização dos diferentes, dos pobres materialmente, dos humildes. Essas ambiguidades fazem parte do processo que nem sempre começa e se instala com uma noção clara e exata de como agir para atingir, realmente, degraus mais altos na evolução.

Assim, muito se ouve: "Não sou perfeito"...

"Quem sou eu para tentar a perfeição?...", e assim por diante.

Mas esta não deve ser a diretriz do pensar nesse novo tempo. É preciso, já foi dito, ter *olhos de ver* e dizemos mais, é preciso *saber*. É o saber que faz o proceder correto. É o saber que embasa a ação.

O homem da Nova Era deixa de acreditar para saber. E é nessa situação que adentra no novo tempo. Sem ter dúvidas sobre a sua orientação. A sua orientação já é clara e o dirige à perfeição, sim.

Ele sabe que possui tudo dentro de si que o torna apto a desvendar-se no modelo do Criador.

Ele sabe o caminho que foi agendado para sua trilha.

Ele se entende. Ele se acredita. Ele se ama.

E por saber que todos os espíritos encarnados são como ele, centelha de luz a ser acesa e desvendada, ele entende a sua igualdade junto aos espíritos todos, irmãos dos caminhos, neste plano ou em outros planos.

E, é com esta clareza e esta amplidão de pensar que o novo homem vai colocar-se frente à sua vida, minuciosamente. Em cada momento, em cada situação, vai avaliar qual a atitude que o pensamento lúcido, aberto e correto frente à ideia de perfeição, vai inspirar.

Se a ideia é de que todos são projetos de perfeição, cada um em sua fase, alguns ainda em fase embrionária, é de importância vital a busca da mudança. Mudança que mostre aos homens todos, que ainda não conseguem avançar para essa fase de maior lucidez, que é possível. Mudança que redefina valores, promova igualdade, companheirismo e caridade para que mais e mais espíritos encarnados se unam, tornando cada vez mais visível a face do planeta de regeneração, que é a nova face que a Terra vai exibir com seus habitantes na Nova Era.

CAPÍTULO 16

REFLEXÕES SOBRE A HUMILDADE

É na busca por uma nova forma de ser frente à vida, já descortinada como é na verdade, que aflora ou vai aflorar uma das virtudes mais necessárias: a humildade.

Parece até um paradoxo dizer que o homem deve saber-se dotado da semente da perfeição e deve ser humilde. Como pode?

Na realidade, esta é uma relação mais do que compreensível, pois o fato de ter, embrionariamente, a forma perfeita, ela ainda não aflora e só vai aflorar quando todas as condições o permitirem.

O fato de ter humildade, no entanto, não significa que o ser se menospreze e não se reconheça como valor. Significa apenas que se reconhece como iniciante, como um viajante a caminho buscando seus objetivos.

É também um grande contraste, pois se olhar o mundo que o rodeia o homem vê-se como uma minúscula partícula, uma poeira ou nem tanto, se visualizar a amplidão do Cosmo. No entanto, quando, ao se olhar em um espelho, dentro de sua realidade material, assume-se muitas vezes como um gigante, um grande senhor, um poderoso ente, em cujas mãos ou de cujas decisões muitos dependem. Este é sim, mais um paradoxo: os dois lados de uma moeda.

Como então, para esse ser material cuja visão está presa a sua condição de existência terrena, pedir humildade? Pois não foi por obra da natureza ou do destino que ocupa uma posição, ou é dotado de qualidades que o fazem superior aos demais? Como poderá descer de seu pedestal e assumir-se como seus serviçais, como seus operários, como seus comandados?

Realmente, não é fácil e pode-se dizer que, na maioria das vezes, isso é impossível.

Por isso, o mergulho na matéria densa é profundo e dificulta a emersão.

É preciso romper as forças que prendem, que enlaçam e que dificultam a absorção dos fluidos mais sutis.

Só através disso será plausível ao ser ver-se como realmente é: um espírito de luz, mas ainda em fase de burilamento, estagiando nos ambientes que favorecem a sua subida a degraus maiores. E tendo, nessas situações, as condições adversas necessárias para exercitar seu esforço e sua vontade na busca de forças e maneiras de ascender.

Não pode, é claro, ser submisso a ponto de não reconhecer seu potencial, mas também não pode achar que está pronto, que tudo sabe, que a vida é uma etapa dominada.

Este é o momento da humildade. Não em se subestimar, mas em se colocar no seu lugar como um aluno que necessita de estudo, que recebe lições todos os dias. Como um aprendiz ainda de entendimento, aberto às explicações, aos exemplos, às sutilezas da aprendizagem.

No exercício diário, a humildade é que deixa aberto e permeável o espírito encarnado, tornando-o um a mais no grupo dos humanos, e que o faz deixar o individualismo que segrega e exclui o outro, dando vez ao companheirismo e à solidariedade, que incluem e aceitam. A humildade é que coloca as tarefas da vida não como um castigo imerecido a alguém que se acha injustiçado, mas como oportunidades que trazem experiência e levam ao crescimento.

A humildade faz com que os dons ou talentos não sejam vistos ou vivenciados como diferenciais de orgulho e vaidade, mas como ferramentas para o exercício dos trabalhos agendados na passagem terrena.

Enfim, a humildade abre o espírito à visão de uma Nova Era, onde a mudança de valores é fundamental. Descortina a vida na Terra como uma pequena, mas profunda chance de aclaramento, de iluminação, de alargamento do espírito, então encarnado, para que dentro de sua condição, muitas vezes bastante necessitada, possa emergir e privar das benesses das escalas maiores, espirituais. A humildade traz, a cada um, a oportunidade de crescer com consciência de sua pequenez, mas também com a consciência de que faz parte da plêiade de espíritos que já aprenderam a agradecer.

CAPÍTULO 17

O VALOR DA AUTOESTIMA

Algumas atitudes são favoráveis quando o ser, tocado, decide caminhar rumo à verdade que já o orienta. São as que se fazem necessárias para que, realmente, atinja os resultados que o levarão a degraus evolutivos mais altos.

Já foi observado o primordial papel do autodescobrir-se para o conhecimento dos parâmetros de crescimento já conquistados. É a partir desse autoconhecimento que se estabelecem as bases para a tomada de consciência e para a seleção das alternativas de ação que irão condizer com os propósitos eleitos e necessários.

É, no entanto, no dia a dia, na rotina, na sequência dos acontecimentos cotidianos que se desempenha o ser.

Não há um planejamento diário de ação, não há uma previsibilidade, uma vez que nada se repete igualmente, e a cada momento, surgem novas e inusitadas situações a serem vividas. Portanto, em algum momento, se o homem realmente, tomando consciência plena de seu papel na vida e do papel da vida no Cosmos, no infinito, na grande caminhada espiritual, parar para pensar, poderá sim eleger atitudes favoráveis a seu favor e a favor de seu projeto de vida à luz da verdade.

Não será também algo a ser seguido como uma agenda, com dias e/ou horários marcados, mas deverá ser um sistema de incorporação ao seu íntimo, uma forma de agir que seja oriunda de uma permanente forma de pensar.

Então, para que haja um pensamento firme e calcado nos princípios eleitos e aceitos para um bem-viver é que algumas atitudes devem ser adotadas e seguidas. E, é claro, todas são as que vão proporcionar ao homem o equilíbrio e a lucidez que o manterão conectado às suas diretrizes.

A autoestima é uma das formas primeiras sugeridas para embasar a segurança individual. Saber-se ser único, à imagem da perfeição, dotado de todas as condições de progresso, já é motivo para se manter altivo. Mas se ainda computar a confiança de que é merecedor por estar em estágio para evoluir, num orbe desafiador, mais motivos poderá agregar.

A autoestima dá a condição de saber-se ocupando um espaço também único, onde a influência de seu ser (aí se entende pensar e agir) será sempre importante como fator de influência e mudança, nos círculos aos quais estiver pertencendo no presente.

A autoestima, pensada em todos esses aspectos, mostra as inumeráveis condições de influência que cada um tem e também inumeráveis condições de acertos e erros.

Consequentemente, a autoestima, para que realmente possa ser um fator positivo na vida de cada ser encarnado, deve estar num patamar de consciência onde não extrapole sua imagem a ponto de apontar para a vaidade e o orgulho, mas também onde não minimize seu valor a ponto de descambar para a menos-valia ou até para a depressão.

A consciência correta do papel que exerce na experiência terrena dá ao homem a postura que lhe permite valorizar sua existência como um tempo de agir, de realizar, de crescer espiritualmente, mas também lhe faz ver o quão valioso é esse tempo e a grande responsabilidade intrínseca ao viver.

Responsabilidade de, no olhar-se como um valor importante para tornar-se melhor e tornando-se melhor, atingir seu entorno, seu redor, fazendo-os também melhor, fazer todo o possível para aproveitar ao máximo cada oportunidade, cada tarefa.

Fala-se muito em reforma íntima. Se pararmos para pensar, só se pode alterar alguma coisa quando se tem pleno conhecimento dela. Não se pode pensar em mudança sem um profundo conhecimento de nós mesmos.

A revisão do conceito de autoestima para cada um é fundamental. Dela vai também decorrer, por analogia, um novo olhar sobre o semelhante, sobre o irmão, pois este olhar será sob o prisma da valorização da autoestima de cada um. Isso vai auxiliar na compreensão e na tolerância ao outro, e vai fornecer subsídios para eventuais formas de cooperação na caminhada.

CAPÍTULO 18

PERSISTIR É PRECISO

Há que existir, para também estarem presentes as condições favoráveis ao progresso, a persistência.

Por não ser fácil a empreitada, assumir com certeza a verdade e buscar tornar-se compatível com ela em pensamentos e ações, é que tem que haver persistência.

E o que é persistência? Como o enunciado já diz, é persistir. E persistir é mais do que insistir. É reiterar, é teimar, é se obstinar.

É investir com firmeza e determinação e não deixar margem ao desânimo ou à estagnação. É não ceder às próprias incertezas, é não se abater com as dificuldades ou frustrações.

Sim, porque toda mudança é uma rebeldia quanto a cânones já estabelecidos, rotinas consagradas, comportamentos aceitos, hábitos arraigados, que dirá uma mudança que deverá abranger toda uma vida, toda uma forma de pensar e, em consequência, toda uma maneira de se comportar ou agir.

É por isso que se bate tanto na importância do autoconhecimento e da necessidade da autoestima nesse processo.

O autoconhecimento é o que vai facultar a noção de dificuldade ou de facilidade a cada etapa do processo.

Cada um, conhecendo-se bem, poderá avaliar o quanto cada propósito acarretará na escala das dificuldades. Quais, por outro lado, igualmente serão passíveis de serem obtidos com maior facilidade. O autoconhecimento dá, a cada ser, a visão de seu posicionamento frente à reforma que avalia ter que enfrentar. Provê essa visão da clara noção dos pontos fracos e fortes de sua personalidade, os que são maleáveis e os que demandam muitas investidas e, quiçá, ainda que não seja desejável, outras vidas.

Para as questões mais difíceis é importante a presença de uma autoestima vigorosa.

A tarefa de buscar novos patamares não é nada fácil nem linear.

Ela é cheia de altos e baixos, investidas e recaídas, sucessos e insucessos. Por mais que o espírito esteja vendo com clareza seu papel na experiência existencial, não podemos esquecer que são todos os humanos, espíritos em processo, em trabalho de aprimoramento num ambiente hostil, a Terra, crivada de dificuldades e tendo que desempenhar-se em companhia de outros iguais, espíritos encarnados, mas de diferentes níveis evolutivos e em consequência tendo diferentes formas de sentir, reagir e agir.

O autoconhecimento fornece ao ser a noção da situação no contexto, já a autoestima vai fornecer a reação do ser ao contexto. Dada a irregularidade das situações que podem ser extremamente polarizadas, indo de um extremo a outro, é a autoestima que vai garantir ao homem o equilíbrio necessário para a travessia dos diversos momentos existenciais.

Conhecer-se e caminhar com segurança, dando a cada evento a importância que requer, a cada irmão o lugar que lhe compete e a cada clima a atribuição que deve ter, é o que vai evidenciar a autoestima forte, característica de seres já compatíveis com os novos tempos.

Por outro lado, reiterando, a autoestima robusta não necessariamente tem a ver com vaidade, como a autoestima mais modesta não necessariamente caracteriza a depressão.

Fala-se aqui da autoestima que permite ao ser, através do autoconhecimento, valorizar-se na medida do entendimento de que é uma célula divina, com a semente da perfeição e que seu desenvolvimento harmônico refletirá, em conjunto com todos os seus pares, na mudança do perfil do planeta Terra, que passará a ser um lugar de mais luz, de mais verdade, de mais amor.

CAPÍTULO 19

SER FIEL A SI MESMO: AUTOCONHECIMENTO

Dentre as variáveis que estão presentes no processo de mudança também, sem dúvida, a sinceridade tem valioso papel.

O autoconhecimento já foi colocado como a mola básica para orientar as modificações do ser, de seu comportamento e primeiro de seu pensamento. O autoconhecimento, no entanto, à luz de um sincero olhar.

Há uma tendência natural de custar a aceitar suas dificuldades.

O autoconhecimento, para ter valor real de auxílio aos propósitos de mudança, tem que estar filtrado por uma real aceitação de suas condições.

A presença desse quesito nem sempre é constatada porque há a tendência de negar muitas formas de pensar e comportamentos delas decorrentes.

Somente os que adquirem uma noção clara do delineamento moral que encaminha ao progresso espiritual é que poderão se autoavaliar com lisura e segurança.

Aí surge a pergunta: como saber qual o parâmetro dessa auto-observação que conduz a um verdadeiro autoconhecimento básico para uma autoanálise, que possa fielmente embasar uma mudança?

As fontes são acessíveis e claras. O ser que veio à Terra para desvendar essas premissas foi abrangente e profundo em suas colocações.

No Evangelho foram compiladas as regras de um pensar e agir baseados no sentimento mais elaborado. Não há, em toda a humanidade, roteiro mais completo para a vivência do amor entre os humanos. Pode-se expandir essa afirmativa, dizendo que não há nada mais completo para a vivência do amor entre os espíritos, encarnados ou não. Ele abrange tudo. Todos os elementos que rodeiam o complexo vivencial. Ele traz esclarecimentos sobre as condições planetárias materiais, ele expande todas as ideias possíveis sobre relacionamentos, ele mostra o valor dos sentimentos e afirma que não haverá progresso no orbe se não for instituída e seguida a prática do amor.

É um roteiro para a vida. É um acompanhante para direcionar a jornada. É um guia de comportamento. É um painel das formas corretas de ação na vivência. O homem da Nova Era, ainda que continue tendo o cenário hostil e dificultoso, está com condições bastante boas de orientação.

Pode mirar-se à luz, portanto, do Evangelho e, conforme suas premissas, avaliar-se. É uma forma segura de dimensionar suas carências e suas necessidades.

Mas até nisso há que estar presente a sinceridade. Para que possa, sem falsa modéstia e sem máscara, posicionar-se frente a si próprio, à luz do modelo expresso no Evangelho.

Todos os nobres sentimentos que caracterizam espíritos já mais quintessenciados, vão fazer parte desse momento. Haverá humildade para reconhecer, com sabedoria, suas condições. Haverá humildade para buscar o encontro com os moldes descritos à luz da perfeição. Haverá humildade para agradecer a chance de, a cada momento de vida, poder olhar o modelo do Pai e ter condições de procurar segui-lo.

O homem da Nova Era vai usar essas condições com propriedade e sinceridade, embalado nos ditames do bem e do amor.

CAPÍTULO 20

O DESPERTAR E O ACORDAR

Aos poucos vê-se alguma mudança no que tange à compreensão dos humanos quanto ao valor da vida e de seu aproveitamento, valor que transcende o âmbito material.

É essa uma noção que o fato de o nascimento se dar neste planeta, ainda denso, impede muitas vezes de ser adquirida. No entanto, percebe-se nos humanos indícios bem marcantes de uma mudança. E é chegado esse tempo, pois que se sabe da transição iminente que a Terra está passando. Malgrado as dificuldades que, em função da própria materialidade e da falta de elevação do homem, obstaculizam um mais célere avanço, vê-se o surgimento de uma noção mais consciente da verdade, uma avaliação mais detalhada dos momentos e acontecimentos da existência e uma tendência a uma forma menos preconceituosa de olhar o outro.

As ocorrências para o despertar sempre estiveram presentes nas vidas humanas. Desde os primórdios de sua estada neste orbe, o ser vê o nascimento e as fases da vida do espírito no corpo até sua morte. A fatalidade da morte sempre foi vivenciada e, apesar de ser sempre um ponto de certeza, nunca foi vista pela humanidade como um retorno. Sempre ou quase sempre foi tida como fim.

Em algumas épocas e em algumas culturas, através da existência, ou melhor, da chegada e da estada de espíritos providenciais para o auxílio e impulso ao acordar humano, foi levantada a hipótese, às vezes até sob a forma de crença, de que após a morte haveria outro mundo. Muitas foram as elucubrações em alguns momentos sobre como seria e o que deveria ser levado para essa nova vida. Mas, se a imaginação e o fanatismo davam asas a um pensamento mágico, faltava a esse pensamento uma base segura, uma convicção baseada em comprovação fiel.

As conquistas humanas, na área das coisas do espírito, sempre foram muito lentas. Os próprios episódios que foram chamados *revelação* atingiram alguns, ficaram registrados, foram conhecidos, e com o tempo e aos poucos mais e mais, mas só agora, após muito tempo, estão sendo assimilados.

É importante salientar que a chamada terceira revelação, que descortinou, de forma inequívoca, o mundo espiritual tal como ele é, já iniciou contando com meios de comunicação impressos e, paulatinamente, veio galgando os patamares mais altos do progresso nos meios de comunicação, os mais variados, incluindo nos últimos anos os avanços da mídia tecnológica em amplos setores.

Mesmo com tudo isso, reconhecemos a lentidão com que o homem tem avançado no conhecimento e na admissão das verdades inegáveis sobre a vida.

A saturação do mundo material em termos de poder só será viável quando for eleito, como meta, um novo valor.

E isso só vai ocorrer quando o homem realmente abrir seus olhos para, com *olhos de ver*, dar a cada coisa seu verdadeiro valor.

É o despertar, que vai olhar para a passagem terrena como uma forma de crescimento e progresso. É o acordar, para ver cada momento como oportunidade única de vivenciar experiências que o levem a degraus mais altos na escala evolutiva.

É o acordar para olhar o outro como um irmão, um espírito como o seu, não importando a roupagem que adotou nesta encarnação, não importando seu modo de ser, o que escolheu para si, mas importando o fato da parceria, do encontro, do compartilhar essa experiência existencial.

No momento já se observam, alguns sinais de mudança no planeta; é possível que daqui para frente haja uma celeridade no andar humano rumo ao progresso moral.

De olhos abertos, tudo para ele poderá ser visto de forma mais clara, e uma das tarefas que deverá desempenhar, além das que já se programou para si antes de aqui chegar, será justamente abraçar seu irmão do caminho e nesse abraço fraterno e amigo auxiliá-lo no seu despertar e junto com ele subir os degraus que levam à Nova Era: a era de um planeta mais nobre, mais justo e com muito mais amor.

CAPÍTULO 21

A SEGURANÇA DO BOM-SENSO

São muitas as tarefas necessárias, também delegadas às criaturas que querem evoluir, porque já despertaram.

Não basta o autoconhecimento e a avaliação do nível em que se encontram ou que, pelo menos, assim se avaliam.

A partir daí é que se desenrola uma série de atividades concernentes às suas decisões.

Já abordada foi a persistência, sem a qual nenhum objetivo é alcançado. Além dela, é imprescindível que haja o bom-senso.

E o que é esse bom-senso?

Bom-senso é o equilíbrio entre as percepções. Cada um é único, diferente do outro. Cada um tem uma forma de perceber, de sentir e elaborar o que está à sua volta.

E nesse processo, dependendo de inúmeras variáveis, nem sempre a avaliação e o julgamento estão coerentes com as noções corretas de visualizar as situações.

E como conseguir atingir este patamar e obter uma atuação na vida em que esteja presente o bom-senso?

Em primeiro lugar, a paz interior. O alinhamento com o equilíbrio pessoal. Não há a menor possibilidade de atuar equilibradamente na vida se não houver o equilíbrio interior.

E aí se coloca também o que já foi visto em relação à autoestima e suas condições para uma vivência sadia.

Essa paz interior não é fácil de se conquistar muitas vezes, pois sabemos o quanto há de desafios e tentações a estocar as pessoas no dia a dia, frutos de uma existência pautada pelas condições de um planeta ainda em fase evolutiva precária.

O grande arsenal de munição para o enfrentamento disso se encontra nos dizeres do Pai.

É um porto seguro? Sim, mas antes é um farol a guiar o pensamento e as ações dos seres encarnados. Simples, objetivo, fácil e presente a cada segundo, minuto, hora da vida humana.

Nessa linha, com as orientações à frente não é tão difícil conseguir a paz. E, é a partir desse roteiro e encontrando a tranquilidade de saber-se amparado e guiado em sua sequência existencial que o homem poderá sentir-se em paz.

E é nesse estado que o mundo não é mais visto como uma arena de competições, como uma pista de corrida para ver quem vencerá em termos de conquistas materiais, mas sim como um espaço de exercício, onde a aprendizagem ocorre a cada instante, e onde o desempenho será de acordo com a condição de cada um.

Essa é a base onde se ancora a paz interior de quem se sabe participante deste Universo, aprendiz como todos e sabedor de que, ainda que sejam todos diferentes, todos são igualmente irmanados por uma energia maior.

O bom-senso surge, então, como uma natural conduta de quem atingiu esse patamar. É um filtro à luz do Evangelho, um filtro à luz da palavra firme e justa do Criador.

A conquista desse nível pelo espírito é trabalhosa, assim como trabalhoso é atingir o bom-senso.

Mas, são etapas necessárias para o desempenho vivencial à luz do novo patamar evolutivo, que já envolve, ainda que não totalmente, o planeta Terra.

O ser humano, através do raciocínio, ainda teima em elaborar suas noções através de parâmetros tacanhos e extremamente atrasados.

Não vê à sua frente, no cotidiano, o quanto é simples a equação vivencial.

Por um certo período, o espírito estagia no orbe, mergulha na matéria, experiencia várias ordens de situações, das mais densas às mais sutis. As mais densas referem-se à matéria que o acolheu. As mais sutis referem-se à bagagem que o acompanha sempre. São essas experiências as fortes, as que contam, as que têm peso, apesar da sua leveza.

São essas as que vão sempre acompanhá-lo, em todos os mundos, na eternidade... Não será o bom-senso uma forma de mostrar esse entendimento?

CAPÍTULO 22

A TAREFA DAS GERAÇÕES

Em todas as épocas houve homens que, de alguma forma, deram passos à frente de seu tempo, deixando em suas pegadas a orientação aos novos caminhantes. Isso se deu aos poucos; foi, no entanto, uma constante. Houve estagnações; pode-se até falar em retrocessos na experiência vivencial humana. Mas, as marcas foram ficando e sendo, muitas vezes, o referencial para novas investidas.

Na história da humanidade isso foi fundamental para as conquistas progressivas em todas as áreas, e os passos se tornaram significativamente mais largos nos últimos séculos. Alguns momentos ficaram eternizados, se é que se pode utilizar esse termo na matéria, mas ficaram, digamos, perenizados através da arte, seja pictórica, seja musical, seja arquitetônica. Permanecem ainda, mostrando muitas vezes picos de genialidade atingidos pelos homens.

Momentos literários também permanecem, até hoje, sendo exemplos de conquistas de elevação obtidas por espíritos encarnados. Muitas vezes, também, os terráqueos tiveram o auxílio de levas de espíritos bondosos, necessitados de cumprir seus desígnios na orientação e na tarefa de impulso aos irmãos de orbes mais carentes, como a Terra.

Assim, gerações após gerações foram estagiando, recebendo o legado dos seus antecessores e deixando o seu para as novas que lhes sucederam.

Sem o conhecimento, que hoje todos esses que aqui já passaram deixaram, os povos de antigamente faziam sua parte, indo com muito vagar, galgando poucos degraus a cada existência e muito pouco acrescentando para um verdadeiro crescimento, equilibrado e integral.

O que se viu, ao findar de vinte e um séculos, foi um mundo tecnologicamente mais equipado, cientificamente mais avançado e moralmente ainda muito deficitário.

Edifícios suntuosos e imensos, bairros nobres e plenos de luxo ainda convivem lado a lado com barracos e favelas. Povos sendo dizimados, lugares ainda de extrema pobreza, vários tipos de segregação e de preconceito fazem ver que há muito e muito ainda a aprender e muito mais ainda a pôr em prática.

Não se podem ter ilusões, ainda que se possa e deva ter esperança.

Há muito o que fazer para, realmente, fazer aparecer a nova feição da Terra. O plano para este planeta, no entanto, é um plano de mudança. Mudança no foco, no objetivo. Mas mudança, em primeiro lugar, no pensar e no agir do humano. Pensar nas próximas gerações e nas pegadas que serão deixadas como roteiro a elas.

Já não serão voltados à ciência, à técnica ou à tecnologia, mas deverão, com toda a certeza, ser voltados à alma.

É ao homem do Novo Tempo delegada essa missão.

Erguer monumentos de cunho sensível, monumentos cheios de amor, brilhantes de paz e carregados de luz, para que seu facho sirva de orientação aos que serão sucessores. Fazer valer a importância do que não é pego, mas é sentido. A importância do que não é material e não faz o ter, mas é sutil, espiritual e faz o ser.

Pegadas de luz...

Pegadas de amor...

A tarefa das gerações, daqui para a frente, neste planeta.

CAPÍTULO 23

CONQUISTAS E REALIZAÇÕES

Muito se questiona como é possível, ao homem que habita este planeta, ter alcançado patamares altos de conhecimento, através do desenvolvimento de cadeias de informação que abriram um imenso leque de possibilidades para isso, e ter deixado em aberto, quase sem tocar por muito tempo, o seu lado sensível.

A matéria é tão poderosa que o envolve, inunda e o impede de escapar.

Assim foi, tem sido, ao longo de eras, milênios, ficando esse lado esboçado em um ou outro registro, mas nunca a ponto de ficar marcado como um fato digno de parâmetro, como forma de mudança no perfil do planeta, perfil este atrasado, pobre de conquistas espirituais, onde ainda há muita predominância do instinto, do apego e da supremacia do ter.

O ser é subjugado ao ter. O ser não é visto como um valor em si, colocado na Terra com um objetivo intrínseco. Foram dados alguns sinais, além dos cotidianos, para seu despertamento. Explicitamente, o plano espiritual mostrou mais de uma vez aos habitantes do orbe terreno as regras para um viver condizente com o objetivo desse estágio. No entanto, por falta de preparo, por ignorar o chamado interior, por bloqueios de toda ordem, o homem se manteve surdo a todos esses apelos.

Tomou conhecimento? É provável que sim. Mas nunca teve sua atenção despertada e mantida verdadeiramente aos indicadores que recebeu.

As lições, já foi visto, são diuturnas. As provas estão correndo lado a lado no desempenho de cada um.

Existem dores, angústias, lágrimas, existem alegrias, existe felicidade também.

Mas, nesse jogo de emoções que permeia a vida de cada um, é impossível que não tenha havido, mais cedo, uma observação mais detalhada e uma tomada de posição mais direta.

Por séculos tudo e todos foram trazendo o mundo para o patamar em que hoje ele está e o conhecemos. No jogo da técnica, da ciência e da tecnologia, o homem aprendeu sobre ação e reação. Também sobre investimento e lucro, persistência para a obtenção de resultados, equilíbrio para projetos bem orientados, empreendedorismo para o sucesso.

No entanto, todas essas direções, que foram fundamentais para o crescente desenvolvimento dos ganhos de progresso e múltiplas áreas da vida material, até hoje não permearam sua vida sensível, sua vida interior, sua vida espiritual. A face da Terra, hoje ainda sacudida pela grande leva que persiste, de forma arraigada, atrelada ao instinto e à matéria, precisa com urgência dessa alteração no seu perfil.

O transporte, com tenacidade, dos conceitos de pujança e perfeição que tem buscado implementar em todas as áreas do progresso material, tem que ocorrer para o lado do crescimento espiritual.

No momento em que isso for feito, de imediato o visual sensível do planeta mostrará diferença. As camadas densas que hoje ainda inebriam a Terra, por serem frutos de pensamentos e ações extremamente pesadas, passarão a irradiar com leveza os novos padrões.

Essa é a forma da regeneração. É, num primeiro momento, o repensar, para, em seguida, em todas as ações, apresentar o realizar.

E é esse realizar, dentro de uma visão de progresso espiritual, o que o planeta necessita para alcançar sua nova posição.

Cabe ao homem, que até aqui conquistou tanto, apenas agora, conquistar-se.

CAPÍTULO 24

AS FORMAS DA MUDANÇA

Existem várias formas de o homem, hoje, se conscientizar da necessidade de uma mudança.

Já citamos algumas que ao longo da existência humana foram notáveis e, principalmente, já apontam a contínua ocorrência de fatos que são visíveis como indicadores de novas direções à humanidade.

O *toque de alma*, ou o acordar, ou o *ver com olhos de ver*, ou seja lá que nome tenha o momento em que se faz presente uma consciência mais clara e aberta, acontece de formas diversas a cada um. Dependendo da situação evolutiva do espírito, de suas proposições, de sua persistência em seguir os passos acordados no plano preparatório, as diferentes maneiras ocorrem.

Há os que já vêm para este plano de olhos bem abertos. Nessa faixa incluem-se os espíritos com mais estrada e experiências, que aqui na Terra vêm para terminar alguma tarefa já iniciada e não concluída.

Os espíritos que vêm como apoio a outros, no mesmo amplexo familiar, também de forma já planejada; os espíritos que vêm como auxílio para orientar e ajudar irmãos que necessitam de mais esclarecimentos; os espíritos que vêm em missão, para mudar e marcar sua passagem por obras em favor do crescimento do ser, no Orbe; os espíritos que deixam sua esfera, já superior a esta, para aqui iluminar os caminhos, mostrar as trilhas e servir como luminares ao caminhar dos homens.

Esses são os que mostram o exemplo a ser seguido, mostram as direções e mostram o novo caminho que deve ser trilhado.

Há aqueles que estão agora acordando, aos poucos descobrindo, com timidez e até insegurança, luzes novas, guias, linhas a serem trilhadas. Buscam, no entanto, com necessidade e tenacidade. Esses certamente serão e estão sendo alcançados e abraçados por seus irmãos mais esclarecidos, pois, humildes, estendem a mão, abrem o coração, erguem o olhar pedindo auxílio. Certamente o terão, sempre.

Outros, ainda, acordam com ceticismo. Sua autossuficiência não lhes permite aceitar a sua fragilidade ante a vida.

Será que devo dedicar um pensamento a isso?

Que lado é esse obscuro que não lhe traz a tranquilidade do poder? Como pode deixar seu tempo totalmente dominado pela matéria e delegar momentos de meditação sobre coisas que não fazem parte do mundo conhecido e controlado, do qual faz parte?

Como investir no desconhecido, deixando de lado sua zona de conforto? São tarefas mais complexas a serem ultrapassadas. São espíritos também mais complexos, arraigados às raízes da matéria e de muita dificuldade a vencer ainda. Não há impossibilidade. Há, isto sim, necessidades.

Necessidades de desapego, de iluminação e, quem sabe, de auxílio para ultrapassar essa barreira e assumir uma postura nova, mais flexível, mais iluminada e com mais chances de progresso espiritual.

Há os mais difíceis, que não anteveem nada além da grosseira vestimenta terrena e todas as benesses ou cargas que a materialidade orna ou impõe.

São os subjugados pelo poder, seja ele de qualquer ordem, que em nome dele justificam e orientam sua estada na Terra. São ainda os enraizados na matéria, os encrostados, os duros, os impermeáveis, que só às vezes, e raramente, a dor pode romper e permear.

Esses são os que ainda não estão prontos para a nova face do planeta. Se não conseguirem de alguma forma se inocular pelo bem, partirão e terão suas experiências evolutivas em planos condizentes com suas necessidades.

É muito claro o papel de cada orbe na evolução espiritual: "A cada um, segundo suas obras".

CAPÍTULO 25

VIR A SER

Muitos se perguntam de onde vem essa necessária contingência de mudança. Muitos questionam se é fruto de uma necessidade humana de buscar ancoragem em uma utopia, para se sentir mais seguro. Para os neófitos do conhecimento das coisas do espírito, realmente é difícil encontrar uma explicação plausível.

Os ateus, que também são extremamente céticos, duvidam de tudo o que não seja matéria e zombam dessa necessidade humana de crer em algo, para eles sobrenatural e fantasioso.

No entanto, para os que já foram tocados pela sutileza da fé, a mudança nada mais é do que a ação condizente com a forma nova, ou clara, de ver a vida, o mundo e seu papel.

O homem, habitando um planeta como a Terra, ainda é um espírito encarnado em uma condição de *provas e expiações*, como é este caracterizado. É, pois, um espírito carente de experiências tais, que o levem a desincumbir-se das mazelas e carmas que o impedem de galgar patamares mais altos. Para esse, a Terra, por suas características, fornece os elementos necessários não só para que tenha condições de exercer suas programações, mas também, para que dentro da vivência possa crescer mental e espiritualmente, deixando como missões cumpridas suas tarefas e visualizando os porquês de tais incumbências.

Essas reflexões, quando o espírito já adquiriu a maturidade após o cumprimento de suas provas e expiações, o levam ao que se pode chamar de *toque de alma*.

É a partir daí que, através da busca do autoconhecimento, da conscientização do seu ser e de suas ações no mundo, que o espírito encarnado se vê de forma diferente.

Não mais como uma gente, uma pessoa, a desempenhar um papel em um grupo, em vários grupos dentro dos padrões de uma vida material, onde os valores que importam são os valores consoantes desse modo de viver, prático, que privilegia a aquisição de bens, o sucesso, o galgar de posições em que âmbito for. Onde o que realmente importa faz parte de tudo o que é tocável, observável, acumulável.

O espírito que atinge a fase de mudança tem outra visão de si, do mundo e dos mundos.

E, por isso, consegue ter uma noção de Universo. Ter uma noção espacial de sua alma, ter noção de sua grandeza e de sua pequenez.

Quantos espíritos existirão? O que é um espírito neste Universo infinito?

É essa a consciência da pequenez... Uma poeira espacial? Nem isso?

Mas, uma poeira que poderá ser luminosa quando estiver fluida, leve, solta, presa apenas por um componente chamado de Amor.

E aí reside a grandeza.

A grandeza está na possibilidade de ser Amor.

A grandeza é o *vir a ser.*

Com essa noção, é clara a importância do crescimento. E, se para crescer é preciso mudar, não há para o espírito outra saída. A clareza com que essa equação inunda a razão e o sentimento é que causa o *toque*. É o que aclara e o que desvenda e, desvendando, mostra ao olhar humano as direções a tomar. A avaliação é pessoal, a lógica é pessoal e o pensamento subsequente também. Ele, após ser direcionado, originará ações pertinentes.

A cada um segundo suas obras.

Podemos dizer que é esse o pensamento que surge a partir de o espírito estar sensível à descoberta de seu real mundo e seu lugar neste mundo real que é a origem da mudança. Uma origem natural, que é decorrente de uma natural evolução do espírito, que deixa para trás as *provas e expiações* e ingressa na fase de regeneração.

CAPÍTULO 26

A MATÉRIA COMO INSTRUMENTO

Dentre todas as dificuldades com que o espírito encarnado se depara, numa experiência em orbes tão ainda primitivos como o planeta Terra, está a de se desvencilhar de todo o envolvimento material, que é presente desde o nascer.

Através da existência, o mergulho na matéria é, no mínimo, asfixiante. A não ser em poucas famílias ou grupos que já vêm de experiências mais produtivas, onde já foi possível o acordar, a tendência é cada vez serem maiores os entraves ao despertamento.

É tão envolvente a vida material e tem ela tantos artifícios e distrações que não há modos de, naturalmente, haver o despertar, na maioria dos casos. Em todo o tempo há sinais visíveis de que esse momento terreno, pois no entendimento da vida real do espírito é, sim, apenas um momento, é uma passagem existencial. Em todo o tempo há nascimento e morte. Em todo o tempo, e em todos os tempos, o homem inquire sobre a sua existência e os porquês.

No entanto, os questionamentos que podem ser as molas propulsoras da busca interior ou da emersão do ser para outros patamares de entendimento, ainda não cumpriram esse papel.

As perguntas ficam como perguntas... Poucos buscam, por si, as respostas. Há como uma barreira impedindo o avanço.

Há como se fossem amarras, ofuscando as possibilidades não visíveis e prendendo os homens ao palpável, ao visível, ao que pode satisfazer e deleitar.

As dificuldades que na vida surgem como carências materiais mesmo, ou doenças ou perdas é que, na maioria das vezes, levam à busca, pelo desespero ou pela dor. Funcionam como estopins para uma mudança de visão e em consequência uma mudança de foco.

Não mais apenas o material, não mais a satisfação dos sentidos, na acepção do usufruto da matéria, mas a visão de uma dimensão mais perene, que vive além do que pode ser tocado. Esta é uma difícil conquista no plano terreno.

Cada vez mais e mais ocorrem eventos para sensibilizar os humanos. Há como que uma programação de maior rapidez nos acontecimentos que movimentam a humanidade, causando alvoroço, causando perplexidade, desgosto, medo, susto. São formas que a espiritualidade, presente de várias formas, inclusive na forma da natureza que comanda os aspectos morfológicos do planeta, encontra de tocar as almas empedernidas que habitam a Terra, para que, sensibilizadas, façam a sua empreitada na direção de se humanizar, de se sensibilizar e, quiçá, se angelizar.

Somente quando tiverem um pouco de lucidez para separar o que é importante do que é supérfluo, que os seres encarnados na Terra estarão aptos a habitarem em sua nova formatação.

Um lugar onde, é claro, vai ainda existir matéria, mas esta será encarada e vivenciada como elemento necessário para o desempenho das tarefas programadas para o crescimento espiritual.

Através dela o homem continuará a existir, mas através dela ele verá a existência de outra forma. Verá que a forma humana na realidade é o instrumental para a convivência de almas lúcidas, voltadas ao bem e ao crescimento e aprimoramento espirituais.

Verá que é necessário estabelecer essa diferença e valorizar a forma material e todo o seu entorno, mas nunca viver apenas nesse patamar, fugidio, efêmero e fugaz. Verá que os valores da alma é que são perenes, que crescem, que cada vez mais podem alcançar novos degraus e cada vez aproximar cada um das formas mais luminosas e próximas do Criador.

CAPÍTULO 27

A ESTRUTURA DO NOVO HOMEM

Dentre todas as facilidades que o homem, já desprovido do grande fardo das ações instintivas, encontra na experiência terrena está o seu pensamento contínuo, o seu raciocínio lógico e a sua condição de se autodirecionar. Pelo pensamento contínuo, embrionário em muitos seres ainda no reino animal, o homem consegue condensar o pensar, reviver o que já foi experienciado, e aproveitar no repensar o que já foi aprendido, seja de forma positiva ou não. Pelo pensamento contínuo é que ele consegue o acúmulo dos fatos e vivências que o levarão à análise e ao juízo dos acontecimentos de sua vida.

Com base nas lembranças que ficaram registradas, o ser tem elementos para isso, e então fará uso de mais uma benesse, que é o seu raciocínio lógico. É ele que vai ser acionado para, justamente, equacionar os valores, intercambiar ideias e fazer o juízo, as análises, as avaliações.

Com base nesses elementos, se direcionará para esta ou aquela rota.

Simples, não é? Não, não é tão simples quanto parece. Para que haja um direcionamento que o leve à caminhada evolutiva, é necessário que exista, paralelamente com as condições físicas, bem clara a noção da verdadeira situação existencial.

Em princípio, todas essas facilidades estão ao alcance de todos. Poucos fazem uso. Aí entra o que tanto já foi falado: a fé como mola propulsora.

O corpo, a matéria corpórea na fase hominal, funciona como um instrumento, com muitas possibilidades.

Essas que foram citadas como *facilidades*, na verdade são condições inerentes à formatação desse organismo nesses moldes.

Do tosco, que ainda não se deu conta das suas potencialidades, ao sofisticado, que avaliza e expande seu conhecimento acerca das megapotências humanas, há algo em comum: a necessidade de haver um foco.

Não um instrumento material corpóreo e suas condições, mas a causa pela qual ele existe assim e para quê. Tudo assume outra feição se olhado por esse prisma.

O pensamento contínuo vai se reportar a fatos e épocas distantes que vão mostrar, como já estão por todos os tempos mostrando, que há uma lei que tudo rege. Vai também elucidar que existem vários momentos em que ficou muito claro que o homem não está só no cosmo.

Que seu ser não é imortal como corpo material, mas é imortal como espírito.

Na verdade, o pensamento contínuo no homem, no espírito encarnado, é um instrumento poderoso que nem o tosco nem o sofisticado aprenderam, até hoje, a usar.

O raciocínio lógico ainda não deu mostras do estabelecimento de relações entre o que já foi vivido pela humanidade, o presente e o futuro.

O homem teima em se sentir dono deste mundo, um mundo que se esvai na morte física, mas não consegue se familiarizar com o mundo verdadeiro, o que não é material.

Então, ao ser habitante deste planeta foram dadas facilidades inerentes ao seu organismo que o farão, sim, olhar com clareza, analisar bem e investir numa forma nova de pensar e agir. É chegada a hora de tomar para si o seu corpo, como uma bênção cheia de possibilidades de conhecimento, pensar sobre tudo o que já foi vivido na Terra, pensar sobre tudo o que falta: raciocinar.

Tirar as conclusões e pôr-se a caminho.

É certo que, desse momento, outro homem vai surgir.

Um homem mais culto em relação à sua história, um homem mais crítico em relação à vida na Terra, um homem mais comprometido com os reais motivos da vida.

Comprometido consigo próprio, com seus semelhantes, com a causa maior, com uma vida mais iluminada, ascendente, na busca dos patamares do Amor.

CAPÍTULO 28

QUEM PODE DUVIDAR?

Ainda, dentre todas as grandes e desafiadoras coisas que o homem tem que enfrentar, está o ceticismo. O ceticismo arraigado é algo que fecha, algo que isola, que deixa o ser totalmente impermeável a qualquer crença.

O ceticismo nada aceita, tudo questiona, duvida de tudo. Não se permite conjeturas nem suposições; apenas não aceita porque exige mil respostas a mil perguntas, que nem nexo muitas vezes apresentam.

Na realidade, o cético é um megalômano. Ele se coloca como juiz de observações, de ideias, e, como um déspota, não deixa seu pedestal para assumir, com um pouco de humildade, as benesses de uma brecha, de uma ideia um pouco mais permeável, de um posicionamento mais aberto. O cético afasta qualquer possibilidade de um credo. E, em quase todos os casos, é participante do ateísmo, ou pelo menos se diz. Quando é capaz de admitir a crença em algo, que não define, mas que se digna a aceitar, essa aceitação é crivada de questionamentos e de interrogações que a tornam volátil, sem firmeza e segurança.

Não é difícil, no entanto, a mudança desse prisma se houver um olhar para a situação dos seres no mundo. A imensidão do orbe, a grandeza do planeta Terra, com seus continentes, diversidades, com seus mares a perder de vista e o homem. Um ente cuja pequenez frente a toda a extensão é assustadora. Quem é o homem para duvidar do Universo? Todas as obras humanas, todas as conquistas que seu trabalho braçal e intelectual vem alcançando nesta existência terrena não são nada se olharmos a Terra de longe, como as imagens que são captadas por satélites. O Planeta Azul, como é chamado, de longe não mostra os homens trabalhando e suas produções.

Não mostra as obras arquitetônicas, por maiores que sejam. Mostra-se azul. Com uma tonalidade sutil. É essa a aparência da Terra de longe, somente vista através de uma cor.

Onde os homens e suas conquistas? Onde os megalômanos, os céticos, e podem perguntar também onde os crentes, os que têm fé?

Todos fazem parte dos espíritos que povoam os vários lugares, as várias instâncias, num provável milagre de transformação.

No material, no caso do planeta Terra, buscarem o imaterial. Da imersão na matéria, emergir para a sutileza das coisas não palpáveis, mas as que são perenes.

Muitas coisas, já foi visto, levam ou podem levar ao *toque da alma*. A imagem da realidade da vida na Terra, com muitos seres a privar e povoar o planeta, que por sua vez é um dos tantos que povoam o Universo, tem que mostrar ao homem o seu tamanho frente a este Universo.

Quem sou eu para duvidar da vida?

Quem sou eu para não acreditar que existe algo mais que um corpo físico?

Quem sou eu para não acreditar no sentimento que faz admirar, rir, chorar?

Quem sou eu para não crer na lágrima como expressão da alma?

Quem sou eu para acreditar na onipotência do nada?

Quem sou eu para atravessar a existência sem precisar de uma ajuda, uma mão, um colo, um olhar, um sorriso, um amor?

Quem sou eu para nunca ter precisado dar a alguém uma ajuda, um colo, um olhar, um sorriso, um amor?

Se eu for um ser que não se encaixa em nada disso, estou passando incólume pela vida.

Posso então ser cético. Mas a vida a cada momento nos mostra, e cada vez mais, que há um Plano Universal, carregado de importância e significados, onde estamos mergulhados e, através da fé, o oposto ao ceticismo, é que poderemos alçar degraus mais elevados na escada da evolução. O Planeta Azul espelhará, em sua sutileza, a nossa transformação.

CAPÍTULO 29

IMPULSOS À CAMINHADA

É como um andarilho que o homem tem singrado este planeta em vários momentos, eras, tempos, vidas. Como um andarilho, passa ora por um lugar ora por outro, em várias existências, acumulando experiências, alguma sabedoria, que, guardadas, ficam no seu âmago, para auxiliá-lo a evoluir.

Lentamente é que vão se sucedendo eventos e situações que o forçam a buscar elementos, que nem ele próprio acredita existirem, como embriões de atos e ações que o surpreendem e, às vezes, surpreendem o círculo a que pertence. Nada, pois, é em vão. Chega o momento em que a bagagem o escora, o impulsiona e o auxilia a visualizar tudo com mais clareza e lhe mostra, de forma simples, o que levou vidas, existências, sabe-se lá quantas encarnações para poder ver.

De novo, voltamos ao *toque de alma,* que vem agora sendo mais sentido, por mais espíritos encarnados, num sinal cada vez mais visível de que os tempos são chegados. Por mais que seja mostrada, no dia a dia, a barbárie humana que ainda existe em muitos lugares e situações, há, sim, um movimento favorável à mudança e que cada vez mais se torna célere. Atinge a todos, e as próprias condições de aumento do tempo de permanência na Terra favorecem a conscientização.

Já foi relacionado o quanto a era tecnológica distrai e oferece um sem-número de opções e tentações aos humanos, mas é inegável que, para aqueles que já estão em faixas de maior lucidez, pode ser benéfica.

As condições de saúde, a medicina alternativa, os progressos todos nessa área são visíveis no prolongamento da vida humana na Terra. Com mais tempo, há espaço para um amadurecimento maior, mormente na idade mais senil, em que o pensamento menos envolvido com a busca da sobrevivência material dá lugar à contemplação e análise do processo vivencial. Afora isso, a própria condição de informação global aproxima as pessoas, evidenciando problemas, escancarando tragédias, mas também mostrando exemplos de atitudes e divulgando boas ações e procedimentos amorosos.

Ainda, nesses últimos tempos está havendo o ingresso de espíritos de orbes mais sutis, que já tiveram o estágio terreno e o superaram.

No entanto, em missão, de novo estão encarnados para, de forma mais eficaz e célere, auxiliar na mudança de estágio do planeta. Crianças de formas intelectuais diversas, oriundas de planos também diversos, mas com os mesmos objetivos: auxiliar e esclarecer seus irmãos que estão com dificuldade de pôr-se a caminho.

São várias as situações que são proporcionadas por eles, mas todas visando ao acordar de seus irmãos na Terra encarnados e o direcionamento de suas vidas, desprendendo-se das amarras da vida material e descortinando uma outra forma, que requer preparo e atitude.

Alguns vêm aparentemente deslocados, causando dificuldades de adaptação ao meio e pelas diferenças que evidenciam, causando angústias e sofrimento aos seus, muitas vezes.

Na busca de soluções através da dor, os seres se aproximam do espiritual, buscando alento e auxílio.

Outros vêm como iluminados, tendo o sorriso e a inteligência como lumes a brilhar no caminho. Sua vida já é uma lição. Seus dizeres e atos já mostram condições de entendimento e lucidez que, por si, contagiam e ensinam.

Na caminhada pelo planeta, o homem vive hoje um novo tempo. Tudo conspira para que desperte. Há como um clamor vindo da natureza, e nesse cenário a Terra está se desprendendo da fase de *provas e expiações*, para, através de todo o produto desse imenso processo, o exercício de novos pensamentos e novas atitudes calcados no amor, ingressar na Era de Regeneração.

CAPÍTULO 30

TOCAR-SE PARA TORNAR-SE

Houve épocas em que o homem se sensibilizou mais para as coisas do lado espiritual.

Foram tempos de avanço em que, sensivelmente, se observou um progresso no todo. Isso se deu depois de momentos marcantes, como pós-catástrofes, pós-guerras ou até mesmo no auge de épocas ricas em arte e cultura.

Sensibilização, o que é?

É o real *toque na alma*, ou onde ela se vê livre para sentir e, sentindo-se, vê diferença em suas emoções. A rudeza do homem primitivo, meio bicho ainda, rudeza esta, impregnada pelo instinto que o impediu por longas eras de ser sensível ou de sensibilizar-se, em muitos, ainda permanece. Essa rudeza o impede de ver, de amar, de ser tocado pelo sutil.

Tem-se verificado que a Terra ainda permanece mantendo por muitos e muitos anos um perfil bastante atrasado em relação às possibilidades de aproveitamento que têm os que nela encarnam.

Não há, em momento algum, nos últimos tempos, nada que surpreenda, que altere com força sua imagem. Continua sendo um planeta difícil, com muitas oportunidades de resgate, mas também com muitos desafios aos espíritos ainda comprometidos com seu passado, que nele encarnam. Um tempo bastante longo o da existência deste planeta, para apresentar tão pouco e tão fraco desempenho humano.

E mais, não bastasse isso, no mapeamento dos diversos lugares ainda persistem os carmas e os sinais que ligam o humano ao perfil reencarnatório que emerge deste lugar.

O grande desafio, apresentado através do espaço vivencial na Terra, ainda está longe de ser totalmente vencido. Veem-se já lugares onde uma luz mais forte mostra o progresso, mas são esporádicos e raros.

Apesar de, em muitas áreas, até mesmo naquelas onde é imperioso o subjetivo, o homem relutar em deixar-se tocar, vê-se que há um pouco de permeabilidade.

A Terra ainda é, no entanto, um lugar difícil, onde a relação entre o querer e o fazer é muito frágil.

O despertar para as coisas mais sutis é dificultado pelo apelo material. A própria consciência do espírito encarnado se emudece e fica sendo refém de um mundo onde os sentidos são despertados e estimulados para usufruir dos prazeres e das facilidades que o planeta oferece. Isso, a cada minuto muda, fica mais desafiador, quanto mais atraente. Complexo para um espírito, ainda enfraquecido por suas condições, se tocar, se desvencilhar, emergir e se transformar.

Esse é o quadro que ainda se vê neste planeta.

Dia após dia as condições mudam, o progresso material acontece e se torna mais um grande empecilho a obstruir o andar ascendente da espécie humana.

Tornar-se, tocar-se. Tocar-se para tornar-se é papel para um ser desperto, para um ser sensível.

É papel que se espera para o desempenho do homem da Nova Era.

O *toque de alma* abre o caminho para uma nova concepção. A sensibilidade é o reflexo desse despertamento e da mudança que dele decorre.

O *toque de alma* desnuda um ser de sua rudeza e o aproxima, com as condições expressas através da sensibilidade, de um novo ciclo. Um ciclo em que a sutileza fica mais sensível, fica mais impregnada e permanente e o transporta para um novo patamar, onde fica próximo dos seus irmãos que já ingressaram no exercício de uma vida mais verdadeira.

CAPÍTULO 31

REVISÃO: A BUSCA DA ESSÊNCIA

Em todos os tempos também o homem tem sido chamado pela sua consciência. Mas, ao longo da existência da humanidade na Terra, a esses espíritos que aqui tiveram que estar ainda faltava maturidade para a compreensão mais profunda dos cânones da vida. Parece incrível a quantidade de tempo necessária a essa maturação.

Mas é este o sinal mais contundente da fragilidade e da falta de condições que esses espíritos apresentavam com vistas à evolução, e que fizeram com que necessitassem de um ambiente nos moldes do que o planeta Terra lhes proporcionou. Em todos os sentidos, a experiência foi ambivalente.

O planeta apresentou-se cru, hostil, primitivo.

O homem que o habitava, igualmente. O planeta também ficou sendo a pura natureza. O homem recém-entrado nessa fase, deixando para trás a instintiva experiência animal, era inicialmente carregado de sua natureza de puro instinto.

Ambos, ambiente e homem, naturezas diversas, mas igualmente naturezas, foram ao longo de séculos convivendo, crescendo, se conhecendo e se modificando.

No jogo das épocas houve muitos entraves, dificuldades e um grande desafio a ambos.

O homem se deixou levar pela matéria e com isso sentiu-se, por vezes, dono e senhor do mundo.

Desafiou a natureza, subjugou-a muito, e sem pensar no quanto ela importa para a condição existencial, machucou e diminuiu as suas potencialidades. Cair em si, sentir-se menor e menos orgulhoso, ter a humildade de reconhecer a dádiva de existir nesse cenário, é uma conscientização muito recente.

Alguns poucos foram precursores dessas ideias de preservação, mas só nos últimos tempos há realmente uma visão mais realista do problema pelos homens, problema criado por sua ignorância.

Apesar disso, ainda relutam muitos em deixar de lado suas conquistas materiais, reconhecendo as que prejudicam a natureza e que são e serão passíveis de dificultar, no futuro, a vida no planeta Terra.

O ar, as águas, as plantas, os animais, criados num sistema organicamente equilibrado, fizeram o planeta ser habitável pelo homem, espírito encarnado com fins de progresso espiritual.

Na medida da desorganização que o ser ignorante causou em todo o ecossistema, a resposta acontece. Dificuldades vão surgindo, apertando e asfixiando as gerações humanas.

Mais uma grande prova que o homem encontra a sua frente, e que poderá também ser uma expiação, pois existe a lei da ação e reação. No entanto, malgrado essa inevitável consequência da imprevidência humana, há o lado positivo. O lado positivo traz a reflexão sobre os pensamentos e as atitudes. O homem na Terra foi puro instinto, séculos se passaram, ele pensa, evolui o pensamento, analisa, conclui e amadurece.

Vê os erros que cometeu. Vê o quanto de tempo tem perdido sem viver e olhar a vida da forma mais simples, sem valorizar a natureza, sua companheira por todas as eras, sem cuidá-la e sem aproveitá-la na sua originalidade e beleza.

Hoje, a conscientização leva não só ao arrependimento, mas leva também à necessidade de reconstrução.

Começando pelo seu ser interior, sua natureza, buscando no seu íntimo a sua essência. Ao encontrá-la, terá forças e condições de reconstruir-se e estender suas ações à reconstrução do ambiente que o abraçou, nesta parte da aventura infinita de evoluir.

CAPÍTULO 32

A EXPERIÊNCIA DA VIDA

A grande experiência da vida ainda não foi entendida em sua complexidade.

A trivialidade com que o homem, em geral, a transformou a converte numa sucessão de dias e noites que vão marcando os meses, os anos, as décadas, eivados de interesses e de conotações materiais.

A vida torna-se uma história muitas vezes com ênfase nesses aspectos, e a cada era sempre foi assim. Somente em alguns momentos foi nítida a descoberta e a valorização do sentimento verdadeiro. Foram momentos que ficaram bastante gravados na existência do homem na Terra.

Com o passar do tempo, a condição humana de registrar os fatos sob qualquer forma, desde os primeiros desenhos inscritos nas cavernas, deixou clara a existência de situações mais sutis, que mostraram, além do cotidiano ou como parte dele, algo imaterial.

Com o desenrolar do progresso humano, tudo foi ficando arrolado.

Assim podem-se nomear datas, fatos, acontecimentos e pessoas que em outras esferas, que não as materiais apenas, deixaram clara a busca e o encontro do homem com as bases e as decorrências do sentimento.

Mostras de crenças, mostras de louvores, de paixões, de coragem, de resignação, de esperança, de fidelidade, de abnegação, de caridade, de fé e de amor foram aparecendo ao longo da trajetória humana na Terra, permeando a aridez da matéria com brilhos e luzes da sutileza das almas.

Cada vez mais isso foi sendo difundido na literatura através de relatos, documentos e livros. Nos tempos mais atuais, além da escrita foi acoplado o som, depois a imagem, dando cada vez mais nitidez, clareza e realismo aos registros dos fatos da humanidade.

Não parando por aí, a tecnologia traz hoje aos homens máquinas de instantaneidade nas comunicações através de texto, som e imagem em telas grandes, em cinemas, ou nas casas e em telas pequenas, captadas desde um aparelho celular.

Crê-se que com tantas interfaces haja maior difusão do que acontece em todo o planeta. O mundo, ou melhor, o planeta Terra é hoje chamado de *aldeia global*, pela rapidez com que se difundem as notícias em qualquer que seja o lugar.

No entanto, o que se vê é que dentro desse contexto há uma diversidade de colocações e de opiniões, de embasamentos e de abordagens que torna difícil, para não dizer impossível, ter-se um balanço do que predomina. Mas a opinião de muitos estudiosos é que o homem está, sim, num processo evolutivo individual, o que lhe irá permitir, face à divulgação, troca, intercâmbio e aceitação de novos valores, alterar em grupo o perfil do planeta.

Muito se discute hoje, no mundo inteiro, a questão de valores éticos relacionados ao exercício de cargos públicos e militares. Vê-se que outros valores, que não os materiais, têm sido resgatados e embasam novas buscas, num processo de coerência, de harmonização, mas sobretudo de elevação.

Existem, também hoje, pessoas influentes que se veem no dever de lembrar seus irmãos dos valores essenciais que fazem o verdadeiro sentido de viver.

Por mais que não se tenha como medir, no exercício de cada vida, se tem claro que há, sim, um progresso evolutivo que mostra que, aos poucos, o material cede espaço ao espiritual.

O grande arsenal de notícias diárias prende-se às coisas que diminuem o ser humano por atitudes e ações.

Apesar disso, cada vez mais se discutem, se aplicam e evidenciam as condições para um salto de progresso intelectual com base, não nas conquistas e aspirações materiais, mas na essência do espírito, na busca pelo patamar mais alto, onde se situam os sentimentos de excelência: a caridade e o amor.

CAPÍTULO 33

REFLEXÃO

Como pode o ser humano abstrair-se de toda uma gama de tentações e ficar num estado contemplativo, observador e reflexivo? Não é algo utópico que se espera desses seres encarnados no planeta Terra?

Hão de dizer que não há ainda condições, não há preparo e não há viabilidade em semelhante alternativa. Dizemos que não há como duvidar da capacidade humana de se revelar.

Foram muitos séculos de aprendizagens, através das provas e expiações, para que se chegasse a um mínimo de lastro para a ancoragem de novas posturas, advindas de novos pensamentos. Há, sim, hoje, uma expectativa baseada no acúmulo de experiências, baseada no amadurecimento do espírito, baseada no despertar do sentimento.

O homem na Terra hoje vive tempos difíceis.

Violência, maldade, corrupção, libertinagem, segregação, desajustes de toda ordem.

As sociedades parecem não ter guardado, nem se fundamentado nos fatos e acontecimentos que, de alguma forma, lhes dariam segurança e respeito, e hoje quase sucumbem ante as dificuldades de toda ordem, que explodem aos borbotões. Parece que a humanidade, realmente, não guardou em sua memória os valores que hoje deveriam estar firmes e fortes, sedimentando o caminho para as novas gerações.

Um basta, hoje, é mais que necessário a esse estado de coisas. Reflexão, sim, apesar de tudo e por tudo. É hora de parar, revisar a trajetória, sentir o quanto não é mais possível essa direção, e o quanto é viável e necessário um novo olhar. Não há como estender um manto de luz e mudar assim a claridade do planeta.

A luz não vem do exterior; ela vem de dentro para fora, de dentro de cada um.

A luz, ou a claridade advinda dela, será o resultado do conjunto.

O ser humano, espírito encarnado na matéria, tem as condições de mudança, sim. Não poderá mais permanecer mergulhado no passageiro, no volátil, no efêmero. Precisa hoje, mais do que nunca, mais do que nunca mesmo, buscar uma nova vida, baseada em nova visão. Tudo o que acontece no dia a dia, as mais triviais ações do cotidiano precisam ser repensadas à luz da visão de uma vida também imaterial.

Num primeiro momento, até se admite que haja um estado contemplativo: o choque de deixar que o pensamento admita acreditar em dois mundos pode até causar algo assim. Também, na sequência, o estado de observar faz parte. É ele que vai trazer os dados que fornecerão os subsídios para uma nova visão, que inevitavelmente levará à reflexão.

Basta um tempo de inconformidade, de dor, de angústia ou de ansiedade. Basta um momento de carência, de caos, de insegurança, onde haja a necessidade de maiores justificativas para os acontecimentos, que o pensamento é acionado com mais força, e ela surge.

É a reflexão que faz com que o ser humano busque respostas, se concentre e desenvolva sua fé.

Com fé vem a certeza.

Com fé vem a esperança.

Com fé abrem-se os novos tempos. Os tempos da mudança esperada e que, apesar de não parecer, estão chegando muito fortes e fazendo com que uma nova luz, oriunda de cada um, vá mudando o entorno e a cobertura da Terra.

CAPÍTULO 34

O PEQUENO GRANDE PASSO

O desligamento do homem das coisas materiais que o envolvem desde o nascimento não é uma transição fácil. Já foi visto o quanto de aspectos estão interligados, dificultando a desvinculação das coisas do planeta Terra. Esse é justamente um dos grandes, talvez o maior obstáculo que o espírito encarnado neste orbe enfrenta. Há de haver uma mudança na forma de olhar, de ver e de crer. Há de haver uma mudança na forma de ser. O homem, ao adentrar nessa esfera planetária traz um espírito que necessita de provas e expiações: *Provas e expiações* é o lema desse lugar.

Quer uma prova maior que vencer toda uma crença que solidifica, prende, amarra e envolve, asfixiando?

Elevar-se, deixando para trás toda uma gama de presilhas que acorrentam e cerceiam a liberdade espiritual, é tarefa grande que justifica uma existência.

Todas as circunstâncias que rodeiam cada ser são elementos necessários à sua evolução. Ao nascer, vários fatores já foram delineados para fazerem parte do cenário existencial daquele espírito. Fatores de todas as áreas: materiais, físicas, sociais, familiares. Como em um jogo, cada elemento tem que ser tratado da melhor forma possível, para que possa servir ao curso da trajetória existencial como parte integrante e favorável à escalada evolutiva.

Mas, para que isso aconteça é necessário que o ser encarnado, o espírito em processo, tenha esclarecimento para perceber como as coisas realmente são.

Iluminar-se? Ter olhos de ver? Seja qual for a definição, o fato é que o esclarecimento tem a ver com a valorização do que é valor, na verdade. No jogo, significa pontuar os elementos que acrescentam e colocar em seu lugar os acessórios.

Ora, os acessórios passam a ser todos os recursos que auxiliam a formatar os acontecimentos, as situações e os eventos, levando o homem a refletir, elaborar o pensamento e repensar valores. De uma forma clara, fazê-lo ver a vida como ela é realmente: uma experiência de aprendizagem e crescimento que vai oportunizar um ganho não mensurável sob o prisma material, mas um ganho em conquista do espírito.

Essa clareza, que vai oportunizar a mudança, a transição de um estado obscuro e dificultoso para um estado iluminado e tranquilo, já é então um grande passo.

O pensamento muda. Estabelece outro tipo de reflexão à luz de uma visão mais ampla, envolvendo não apenas esse espaço vivencial, mas um espaço imortal, onde o espírito continua sempre trabalhando e aprendendo.

Os elementos que fazem parte da experiência vivencial ficam sendo importantes, sim e sempre, mas agora com a noção de que são passageiros e meros instrumentos para possibilitar as experiências necessárias a cada um.

Assim, coisas, pessoas, acontecimentos, locais são parte do jogo que desencadeia um infinito acontecer de emoções e sentimentos de todas as gamas, que vão burilar o espírito encarnado até que desvende sua luz. A riqueza de cada vida aqui vivida existe sempre também, mas só será entendida e aproveitada em todo o seu potencial por aqueles que, por sofrimento ou por sentimento, já estiverem despertos. Tudo é feito para que mais e mais espíritos acordem e possam, com sua nova concepção, trazer a nova feição a este planeta, que continuará abrigando irmãos espirituais, mas em maior categoria. A categoria daqueles que, despertos, vão estabelecer novas posturas e novas formas de pensar, onde haverá espaço bem maior para os sentimentos mais puros, mais sutis, para os que falam ao coração e unem os homens, para os que são derivados do amor.

CAPÍTULO 35

O DESAFIO DA DESCOBERTA: A EXPERIÊNCIA TERRENA

Toda a grandeza do Universo cabe em uma célula espiritual. A grandeza em termos de infinito.

Há, em cada ser humano, um potencial. O pensamento é um potencial infinito. Com ele, o espírito encarnado deixa seu corpo físico e adentra, ou tem a capacidade para adentrar, em um espaço que não tem fim. Sua vontade o move para onde quiser.

Mas, para que tenha essa mobilidade, é necessário que haja, além da vontade, capacidade, ideias, conhecimento, fundamento. Tanto mais condições e bases o espírito encarnado já tiver angariado, mais longe seu pensar o poderá levar.

Assim, a medida natural do pensamento não é limitada, a não ser pela capacitação de cada um. É esse mesmo pensar que faz com que o ser evolua ou não em suas encarnações.

Na medida de seu crescimento, de seu amadurecimento, o pensamento flui com mais leveza, alarga-se e percebe com mais clareza as noções da vida. Essa leveza vai contrastando com o peso do complexo material onde os homens se inserem na Terra, deixando-os mais ou menos densos, mais ou menos apegados, ou, podemos até dizer, mais ou menos *Terra*.

Espíritos já esclarecidos relatam a sensação da visualização do pensamento e do sentimento, ao chegar ao mundo espiritual.

Tudo é mais amplo...

Não são os mesmos valores...

Não há tanto sofrimento...

Tudo muda e fica mais claro...

A experiência terrena é o desafio da descoberta. Em outros orbes, após a experiência em lugares como a Terra, existirão outros desafios, sim, mas já em outro nível.

Poderíamos dizer que a ultrapassagem dessa etapa de *provas e expiações* para regeneração, sem dúvida é a mais crucial para o espírito, desde sua entrada na fase hominal.

Sim, porque há muitas frentes a dominar.

Por ser já uma fase em que a inteligência aflora, o pensamento elabora e a razão decide, a responsabilidade é toda do espírito que, como num casulo aprisionado, deve rompê-lo, criar as asas e alçar seu voo.

Tarefa difícil, mas necessária para a ascensão.

Tarefa, no entanto, viável, já que, como já foi visto, o espírito possui infinitas possibilidades e condições para tal. A vida nesse patamar oferece essa possibilidade. É por essa possibilidade que a experiência existe.

Identificar-se com o Universo e sua grandeza, prescrutando sua alma e se encontrando como célula luminosa integrante desse Universo, é a grande meta do espírito que vem para este planeta.

Sua luta é árdua e por vezes inglória, enquanto ele não consegue se autoconhecer e se situar como espírito em evolução numa experiência educativa. Muitas encarnações são por vezes necessárias até que ele vislumbre as luzes da conscientização. A luta não é externa, é interna entre o ser material, com mobilidade reduzida, círculo de atuação restrito e com domínio da matéria que o fazem dono do mundo, e o ser espiritual, que vai se tornando sensível com o passar do tempo e a sequência de experiências vividas.

Muitas são as experiências terrenas em que a parte material sai vencedora. O espírito retorna com uma bagagem pobre de ações e sentimentos nobres e deixa, na Terra, todo o resultado de sua vivência, cheia de ganhos materiais.

No entanto, aos poucos o homem está, sim, se dando conta da grandeza que habita o seu interior e das causas e dos porquês que vive, por um tempo, neste lugar. Ao se dar conta, vai vendo as suas possibilidades e vai crescendo dentro de si o entendimento, o conhecimento do seu potencial e a direção a nortear seu brilho.

É assim, então, que se dá conta da infinita grandeza que possui e, como um pássaro, no espaço aberto de seu pensar, elege e exerce seus voos sempre na direção do amor.

CAPÍTULO 36

O INVISÍVEL ESSENCIAL

O grande passo da humanidade é um passo muito pequeno. É para dentro de si. No entanto, torna-se enorme pela dificuldade que o homem encontra em buscar o essencial. O essencial não é visível. É sensível. O essencial tem que ter base estrutural da alma para ser reconhecido.

Depois de ter sido tocado e, em consequência, haver dinamizado os instrumentos que o levarão a reconhecer o que realmente é valor, poderá até ser identificado o essencial, em alguns pontos de captação e de expressão.

Assim, o maior dos sentimentos, o amor, em todas as suas derivações, pode ser percebido, sim, de forma visível ao olhar, mas não ao simples olhar que reconhece o material, e sim ao olhar que perscruta, visualiza e encontra o sutil.

Um gesto, por mais simples que possa ser, uma palavra, um jeito de olhar, um aperto de mão, um abraço, tudo isso pode ser uma mostra do essencial.

Tudo o que alegra a ponto de sensibilizar, como algo que. de tão lindo, enche o coração e o faz extravasar em sorrisos ou lágrimas. Tudo o que emociona, a ponto de também inundar a alma, levando-a a flutuar como se estivesse solta no cosmo. Tudo o que move o pensamento, carregando como combustível as fontes da afeição, ou os produtos dela, como carinho, cuidado, lembranças, saudade...

Muitos têm já o alcance dessa grande dádiva que é legada ao homem, porém poucos ainda percebem o quanto a sua existência é fundamental para a percepção da verdadeira vida. Os objetos em si não têm vida. A matéria densa é parte desse mundo material e nele vai permanecer, cada uma de acordo com a sua durabilidade.

No entanto, até aí a capacidade delegada ao homem é capaz de ornar com características invisíveis, mas sensíveis.

Os retratos, cheios de sentimentos que afloram ao olhar. Os móveis que na lembrança recriam momentos de afetuosa convivência, as roupas que trazem de volta momentos e carinhos. Os ambientes, as casas que marcam épocas e também ficam impregnadas de emoções que ali despertaram. O passo, o grande e pequeno passo do homem rumo ao sensível é um mundo rico em possibilidades. Afora a amplidão que se revela em termos de expressões constantes em seu mundo material, do exterior para o interior, o sensível também aflora do interior para o exterior. É quando o pensamento vem forte ou suave, mas vem trazendo o tom da bondade, da humildade, do reconhecimento do sensível, presente também no fundo da alma.

O produto disso são as palavras comuns ou não, triviais, faladas ou escritas em prosa ou em verso, que são todas emitidas numa faixa vibratória que demonstra bem o grau de entendimento espiritual. Também se revela esse estágio, muitas vezes, em canções, em acordes, em cores e imagens que trazem acopladas as motivações de beleza, de sutileza, de sentimentos que os impulsionaram.

Buscar-se. Valorizar o essencial que habita em cada ser e que o faz ser único. Único como ente encarnado, com características físicas, caráter e situação neste mundo, mas muito acima disso, único pela forma de se buscar, de se encontrar e de visualizar a vida. Único também pela forma de, observando, revelar-se. Por seu olhar, por sua ação, sua fala, sua expressão.

Revelar-se dando o grande e pequeno passo e mostrando, de forma clara e observável, o que encontrou ao se descobrir.

Revelar-se, mostrando também o olhar que caracteriza essa etapa, onde se identificam, com muita limpidez, os sentimentos mais puros advindos do amor.

CAPÍTULO 37

A DEFINIÇÃO FIRME DA ROTA

Outro grande desafio que está ligado à experiência existencial em lugares do nível deste planeta Terra é a fixação ou como mais comumente se chama: a persistência. Com a clareza de visão mostrando o que é realmente valorável na caminhada, já existe uma noção da rota a seguir.

Essa rota, valorizando o que é realmente necessário, fica bastante definida, isto é, deve ficar bastante definida aos olhos do espírito encarnado.

No entanto, não podemos esquecer que ele habita um corpo material, num lugar material. Esse denso patamar o segura e envolve e, por mais que já vislumbre as diretrizes abertas que o encaminharão a uma possibilidade de ascensão, precisa se orientar e se fixar em uma meta. Essa firmeza é bem difícil, visto que é constantemente assediada por tentações as mais diversas, de todos os lados, de todas as intensidades e principalmente de todos os envolvimentos.

Ser firme em propósitos não significa abstrair-se do material, da vida física e social, das necessidades básicas e de realização. Não, é claro que não. Assim talvez fosse até mais fácil. Virar um monge ou um eremita, isolando-se e cortando de vez todas as possibilidades de sucumbir às tentações.

Não, a prova que o planeta oferece aos que aqui vêm buscar os meios de ascender é bem mais complexa. O que ela sugere é mais que o isolamento ou a clausura. Ela sugere a clareza de propósitos, o entendimento, o discernimento e a vontade.

Ela sugere a maturidade espiritual que possibilite o convívio nas condições do planeta, entendido como o exercício natural e necessário ao desenvolvimento e crescimento de cada um.

Ela sugere, pois, que haja um ser passando por todas as fases da experiência existencial, nos moldes de um humano, num mundo de humanos, mas já entendendo seu lado místico, espiritual e sabendo que ele também, como o material, tem suas necessidades e exigências. Esse entendimento é fundamental para que haja a constância de propósitos.

Assim como, para haver desenvolvimento, o corpo físico necessita de cuidados e alimento, o corpo espiritual também. O alimento do corpo espiritual vem, ao longo da existência, do conhecimento desse outro lado, de sua valorização, de seu cuidado.

Tudo passa a ser veiculado a um novo olhar, que, por sua vez, leva a um novo pensar e, em consequência, a um novo agir. De uma forma diferente, mais completa e mais sábia.

A vida, a própria vida na Terra, vista como um período curto, incerto em tamanho para cada ser, adquire um novo formato.

Bem maior, ela abrange muitas e muitas encarnações e não tem medida em sua amplitude.

No entanto, o desempenho humano à luz dessa mudança que aponta para uma extensão infinita, também adquire um novo formato e em consequência traz ao ser, além de uma visão e uma amplitude, uma responsabilidade muito maior. Infinita, poderíamos dizer, pois não tem limite o seu crescimento e, não tendo claro esse limite, não há como delimitar suas ações.

Assim, com uma abrangência que extrapole os tempos de uma vida apenas, há que haver no espírito encarnado e já desperto a persistência para, ao reconhecer e eleger os rumos de sua direção na esfera encarnatória, mantê-los por muito mais que apenas uma vida.

E nesta vida aprender dia após dia a não desviar, a não se deixar envolver, a não sucumbir às tentações tantas que o cotidiano da vida na Terra oferece.

A persistência é o que fará com que, mais e mais, as encarnações sejam produtivas e levem, com segurança, os espíritos ao crescimento e ao alcance de patamares cada vez mais sutis e elevados.

CAPÍTULO 38

A PERCEPÇÃO DO EU

Quando se relembra a trajetória dos espíritos em busca de evolução e se depara com a difícil escalada dos que ainda estão em patamares de *provas e expiações*, vê-se como o homem ainda é imaturo.

Hoje, e somente hoje, param alguns para pensar e decidir mudar. Hoje, e somente hoje, o humano se dispõe a ficar apto a novos voos mais sutis. Já muito se abordaram os liames que o prendem neste mundo material. Já também foram colocadas as várias tarefas ou as várias facetas de comportamento que são imprescindíveis para uma nova postura.

Tudo à frente: o nascer, o viver e o morrer. Criaturas que experimentam vida de prazeres, luxo e benesses, contrastando com outras, miseráveis, doentes e sofridas. No paralelo, os que têm uma vida mediana, sem grandes ganhos nem grandes perdas.

Mas todos, sem exceção, experimentam o prazer e a alegria, a emoção ou o deslumbre de um nascimento e todos, sem também nenhuma exceção, experimentam o susto ou o espanto, a incredulidade ou a dor da presença inexorável da morte.

Por si, fatos esses que já seriam bastantes para muitos questionamentos, dúvidas e curiosidade. Num sentido mais profundo, já seriam básicos para a busca de respostas que fugiriam do trivial e levariam aos patamares reais de outra dimensão.

Pergunta-se: por que tanto tempo o homem tem levado para essa busca?

Será medo do desconhecido?

Será uma grande autoimagem, que o faz por vezes pensar-se eterno?

Hoje, com o advento de um novo mundo, conquistado pelo trabalho de mentes no mínimo brilhantes (à imagem de quem?), parece que se torna ainda mais difícil o parar e pensar.

O homem chegou a um tempo em que a tecnologia o brinda a cada dia com mais subterfúgios, mais ocupações, mais desculpas por não ter tempo...

Aumentou consideravelmente seu intercâmbio social, apesar da grande diminuição de contatos verdadeiros, *corpo a corpo*, inter-relacionamentos, amizades verdadeiras e a prática do companheirismo e da afeição.

Não há tempo para conversas reais... apenas virtuais. Não há tempo para pensar íntimo, o autoconhecimento, para a busca... A busca do quê mesmo?

O corre-corre não ocorre às vezes. É toda hora, só que virtual, em qualquer maquininha disponível. Essa prática recente tomou conta realmente dos homens. Como uma epidemia, não há a menor chance de regressão. Daqui para a frente mais e mais está o homem mergulhado na informação, na informatização, na troca de opiniões, no compartilhamento, na curtição, nas redes, em tudo o que o chama nessa linguagem.

Tempo! Precisa de tempo! Pouco tempo! O bastante para perceber que o tempo passa, e se não houver um tempo para o resgate do foco, do objetivo, da causa, perdeu-se o tempo.

Vejam bem! Uma vida, uma experiência vivencial é curta quando normal, mais curta ainda para alguns. É um tempo mínimo para um olhar para dentro e um jogar-se para fora. E este fora é o mundo que está a esperar lucidez, clareza e certeza dos que acordarem.

Tudo o que já foi feito não conseguiu ainda despertar o ser dormente que, por gerações e encarnações, vem se repetindo.

Não fora assim, o planeta já estaria coerente com seu próximo cenário.

Mas o homem vem vindo, teimando em conquistar a matéria, desleixando o espírito.

Acordar... Quem diria que este é o verbo! Na atual era, com os olhos abertos para tudo e para todos, buscando cada vez mais inovações e vangloriando-se de dominá-las num piscar de olhos, o espírito ainda cochila sem se dar conta do tempo que lhe está sendo ofertado para o crescer, para o aprimorar, para o evoluir.

Usar o tempo e as conquistas não só no âmbito da matéria, mas dar-se conta de que, em cada etapa de sua estada neste planeta teve direitos, teve conquistas e prazeres, mas, em contrapartida, talvez em nenhum tempo antes tenha tido como hoje tantos deveres. A era que beira a mudança favorece muitas coisas, inclusive as condições de abrir mais os olhos e perceber-se um ser mais do que o inserido no mundo virtual: um ser que habita uma esfera de luz e que precisa o quanto antes perceber-se como tal.

CAPÍTULO 39

O MAPA DA TRANSIÇÃO

Hoje, mais do que nunca, há a possibilidade real de a Terra ascender. Pesa ainda a grande diversidade de espíritos de várias ordens que a povoam, num misto muito heterogêneo. Nunca, é preciso que fique bem claro, nesta fase de transição se pode esperar unanimidade.

O que se pode almejar e atingir é uma grande parte, a maioria dos encarnados, já despertos para a nova fase. Todas as ações e os acontecimentos, há muito, estão já sendo direcionados para esse objetivo.

Não está ainda atingido, mas está na fase de transformação, o que leva a conclusões sobre o andamento do processo.

Ainda existem lugares onde vivem os primitivos. Não são muitos e não haverá nos próximos tempos neste orbe. Existem lugares onde os primitivos já se ordenam na fase subsequente, onde a razão vai assumindo sua parte. Mas, nem todos são bem direcionados. Nessa fase o espírito ainda é *imberbe*, jovem demais e sujeito a tentações e influências, as mais diferentes e muitas vezes nefastas.

É quando entram os fanatismos, os politeísmos, os manipulados e seguidores cegos de um sem-número de seitas e ordens ao redor dos tempos, ainda hoje vigentes em várias partes do globo.

Depois há o grupo que pode ser chamado dos esclarecidos, mais vividos, com alguma racionalidade, mas ainda com predomínio forte dos ancestrais pensamentos sobre a materialidade da vida. Neste ficam os egoístas, os megalômanos, os de elevada autoestima, os poderosos, os dominadores por um lado, e por outro, os pobres de espírito, os humildes demais, os desprovidos de força, os frágeis de vontade, ambos movidos por pensamentos voltados exclusivamente aos ditames da matéria.

Em uma organização muito genérica e na sequência, podemos encontrar ainda, na Terra, encarnados, os que começam a despertar.

Os que tentam ver e vão aos poucos conseguindo uma outra estrada em paralelo com o que está sendo vivido e que se descortina, trazendo uma forma mais ampla de encarar a existência terrena. Esses se pode chamar de grupo da esperança. É desse grupo que advém o povo da Nova Era.

Deles se origina o despertar. O despertar que os faz pessoas onde há realmente uma racionalidade equilibrada que compõem, com todo um pensar subjetivo, seres prontos para a ascensão aos patamares mais elevados a que se propõe a escala terrena de *provas e expiações*.

Esses são os que vão dar as bases aos homens da Nova Era que saberão existir, acreditando que cada pensar, cada ação, cada realização não pode ser efetuada sem a valorização do ato, suas origens e suas consequências.

Para esses seres, o estar neste planeta será visto como é: uma benesse. Uma forma de apressar o crescimento, pensando, agindo, experienciando os maiores desafios a que cada um se propôs ao aqui, nesse estágio, ingressar.

Para esses seres, o material será sempre o instrumento necessário às atividades da experiência vivencial. Em qualquer situação, a vida será vista como a forma definida, escolhida ou não, para aqui desenvolver os *temas de casa* programados.

Para esses seres, a lucidez será bem maior, a clareza de visão mostrará a amplitude da vida em dois mundos, o equilíbrio orientará as emoções e, em consequência, as ações e os sentimentos serão os faróis, os luzeiros a orientar a caminhada.

Tudo será visto de forma integrada, como há muito já deveria estar. Assim o ser desperto verá o seu mundo, o planeta Terra, habitado por uma imensa família, cujo Pai ensinou constantemente a lição que por séculos os reúne, e que por séculos espera que demonstrem sua aprendizagem: a lição do amor incondicional.

CAPÍTULO 40

HUMILDADE: O SINAL DO DESPERTAR

Há ainda muitas formas de os seres despertarem. No entanto, há uma grande resistência em aceitar que o simples fato de estar neste planeta, como o espécime mais alto na categoria das espécies, não faz do homem um ser evoluído o bastante para se bastar. Há, pois, uma resistência muito grande em se colocar numa posição subalterna, como se dono de todas as verdades, não admita sequer pensar em humildade.

É essa talvez a qualidade necessária para que haja o alcance do progresso. Saber-se pequeno frente à vida. Ora, como pode isso acontecer se o homem, sabendo hoje, por suas próprias conquistas intelectuais, o quão incomensurável é o cosmo, o quão ínfimos são os corpos celestes neste cosmo e neste se inclui a Terra, onde é seu hábitat, e ele uma parte muito, muito minúscula nessa estrutura, não sente sua pequenez?

Ao contrário, senhor de conquistas materiais, usufruindo as condições inerentes à vida terrena, o homem sente-se onipotente.

Não lhe preocupa a perspectiva do fim da existência, aliás, vive o homem, em sua maioria, como se estivesse vivendo tempos eternos nesta existência. Nem as doenças e as mortes, muitas vezes prematuras, outras vezes coletivas, de pessoas conhecidas ou não, familiares ou não, o comovem, a ponto de deixá-lo questionando, avaliando e revisando os conceitos sobre a vida.

A falta dessa humildade é crucial. Não a humildade de má valia, nem a humildade de submissão, mas a humildade de reconhecer que, em sua ínfima porção encarnada, há uma vida maior do que essa conhecida. Há um mundo interior, quiçá maior que o grande espaço imaginado do orbe, e isso é natural, mas a natureza que se apresenta assim é sobrenatural, é mais que a soma de tudo, é espiritual.

E uma natureza assim tão monumental, poderosa e ao mesmo tempo simples, que se faz num *continuum* de experiências encarnatórias intercaladas com períodos de trabalho e desprendimento em orbes mais sutis, não foi obra deste homem encarnado que se acha tão importante e poderoso a ponto de nem se dignar a questionar a autoria disso tudo.

Mas há, sim, uma ordem, e há uma razão e há um autor.

Despertado o homem, em sua pequenez vai antever que não há nada que o faça grande nesse meio de coisas materiais. Apenas se ficar preso aos liames da vaidade e do orgulho, relativizando sua vida em comparação com as vidas dos outros é que poderá se achar importante e poderoso.

Mas, passado o tempo vivencial, vai partir levando apenas a alma que o manteve alojado no corpo físico. Volta sozinho, tão leve quanto conseguiu alcançar patamares mais altos voltados aos sentimentos nobres, ou tão pesado quanto mais estiver ligado e preso aos valores e bens da matéria de que não conseguiu se desapegar.

Mais do que nunca, hoje o homem compete consigo mesmo. Sua obra como inteligência encarnada é bastante profícua. Conseguiu muitos avanços, inclusive de promover a comunicação global, através de máquinas poderosas que hoje o aborrecem, o ocupam e o escravizam.

Todo esse aparato, obra sua, é mais um grande empecilho ao desligamento do material e ao ligar-se a si, ao seu *eu*, ao seu *eu* interior. Recusar o apelo da matéria, voltar-se à busca dos verdadeiros motivos da encarnação seria uma proposta viável para quem precisa com urgência dispor-se a avançar. Essa proposta é feita pela natureza, em todas as suas manifestações, todos os dias, todas as horas, todos os momentos.

Acordar com humildade para perceber-se, perceber o apelo de tudo para esse acordar.

Valorizar a grandeza de tudo o que o rodeia, e entender-se como *poeira* nesse cosmo infinito, mas ao mesmo tempo deslumbrar-se com a obra da Criação e agradecer por fazer parte dela.

Entender a necessidade de buscar e através desse entendimento, humildemente, procurar a centelha de luz que habita sua alma e fazê-la expandir-se, iluminando o mais longe que puder.

Esse é o sinal do despertar.

CAPÍTULO 41

A BUSCA DA QUIETUDE DA ALMA

Enquanto não houver uma dose de quietude na humanidade não haverá como um despertar bem grande. É por isso que, cada vez mais, o chamamento acontece.

Quando o mundo se depara com acontecimentos que chocam, assustam, comovem, é por um tempo, e passa. Poucos ainda são os que se prestam a parar e refletir.

Por que mortes coletivas?

Por que este ou aquele cuja vida estava sendo bem direcionada, cuja atividade estava sendo reconhecida como diferenciada, seja em competência ou zelo, cujo trabalho já tinha um cunho, onde se vislumbrava uma atividade de amor?

Por que crianças?

Por que seres jovens com um tempo ainda para poder se desenvolver na vida?

Tudo leva à reflexão e mesmo assim toca, mas nem sempre toca tão profundamente quanto o necessário para uma reflexão e uma ação. O que se faz é tentar de todas as maneiras atingir o âmago das criaturas para que se sensibilizem e, empaticamente, se coloquem como sujeitos e repensem ou pensem nesta vida de passagem.

Parar. Olhar para ver. Observar para sentir e sentir para se questionar e se desbloquear.

Sim, porque o homem vive num grande aparato material que o cerca, o seduz e o comanda.

Cada vez mais a agitação da vida o faz correr. Correr sempre para viver, como se a vida fosse uma corrida interminável de obstáculos.

Desde o acordar e ao deitar, o que se passa é um *continuum* de atividades e deveres que, numa interminável maratona, o cerceiam e envolvem, de tal maneira que acabam por afetar até suas convicções, se é que as tem. E acabam também por valorizar tudo o que não é realmente valor, diminuindo e minimizando os valores reais. Parar. Pensar. Ver-se. Ver o outro.

Colocar-se como realmente é, não um senhor despótico, ou um senhor supremo das benesses do planeta que lhe permite dominar-se e dominar o seu viver, mas como um hóspede temporário da Terra, com o usufruto do que no estágio de sua experiência passageira lhe foi oferecido. Como um ser que veio até aqui para, de posse de um espaço e uma situação vivencial, aproveitar um tempo para angariar pontos na escala evolutiva espiritual.

Se estivesse em um jogo como protagonista, seria mais que momento para pedir um tempo. Parar, por um instante, revisar o seu quadro, a sua atuação. Parar um pouco, para retornar com outra formatação.

Não é um jogo? Pode até ser um jogo, onde cada participante tem suas metas, suas motivações, seus objetivos. Para alguns, ainda poucos, já são visíveis, mas para a grande maioria ainda não. Não deixaram ainda chegar o tempo de parar. Não uma parada física, estática, mas uma parada interior, a busca da quietude da alma.

É ela que vai direcionar, é ela que acorda, é ela que dirige e se põe a caminho. Todas as ligações humanas se dão através da razão ou do coração. Os corpos se unem, sim, mas o chamamento físico é instinto.

O encontro entre os seres, o verdadeiro encontro é o encontro de alma, profundo, desapegado, intenso e inteiro. Quando o homem se depara com o amor, por vezes ele para. Se encanta. Pausa. Se organiza e busca uma mudança vivencial.

Há um momento de quietude. Há uma tomada de decisão. É isso. É essa parada que se espera, a que vai acionar os mecanismos evolutivos para o direcionamento do bem.

No caso da quietude na humanidade, o toque tem que ser de amor. Não um amor entre duas pessoas que se programaram para juntos cursar uma vida ou mais, mas um amor infinitamente maior, que abrange o próprio eu, o reconhece como partícula divina e o compreende como parte do amor divino incondicional. Na quietude de sua alma haverá então um despojamento de tudo que tiver um valor relativo à matéria e uma valorização real do que é parte desse amor divino, incondicional.

CAPÍTULO 42

NO LIMIAR DE UM NOVO TEMPO

O grande passo já está sendo dado. Apesar de lento, o caminhar do homem neste planeta chega hoje a um patamar irreversível, onde deverá optar pelo crescimento ou a barbárie.

Tudo está se encaminhando para que haja a separação imediata do joio e do trigo. Não haverá nova oportunidade para os que não perfilarem no bem.

Não haverá retorno a este planeta, em seu novo patamar, para aqueles que não estiverem afinados na nova estrutura. O caótico tempo que ora vive a Terra nada mais é do que o cenário necessário para a mudança, onde só se firmará aquele que estiver afinado com a moral vigente no plano de regeneração.

Foram milênios de preparo e de lento amadurecimento oferecidos a milhares e milhões de espíritos em ascensão, ou espíritos em crescimento, melhor dizendo. Os que conseguiram acordar e hoje conseguem absorver as noções de espiritualidade lograrão participar de novos tempos em suas próximas investidas experienciais, num ambiente de mais paz e harmonia.

Os que, ainda adormecidos pelo instinto e a matéria, teimam em não ver por egoísmo, vaidade, enfim, ignorância, o que se oferece à sua frente sob as mais diversas formas, num esforço completo para seu despertar, terão que ainda exercitar-se em planos densos, hostis e trabalhosos.

Há uma grande movimentação que, de forma bastante forte, traz à tona hoje perfis humanos bastante atrasados ainda e que contrastam violentamente com tipos já entrando numa faixa sutil de evolução, onde são ressaltados pensamentos e ações mais nobres. É desse contraste que haverá a distinção clara das etapas já vencidas e dos degraus já galgados.

Nova era para os espíritos que precisam atilar-se e encarar esse tempo como um tempo de quietude, reflexão e redirecionamento.

Cada ser tem em si a capacidade de influenciar o outro. Ora, um ser em um estágio de mais lucidez é um polo agregador e um fator de influência e de mudança. Cada um que se aproxima e que, de alguma forma, percebe e nota qualidades e peculiaridades em outro, coisas benéficas, apreciáveis, saudáveis, é de alguma forma tocado.

Vai se formando então uma cadeia, estruturada por pensamentos e atitudes louváveis, e essa cadeia vai crescendo à medida do envolvimento e do crescimento de cada um na direção do bem.

É isso. É isso, e é dessa forma que o planeta está adquirindo nova feição.

É dessa maneira que aos poucos, mas hoje já com alguma percepção maior, o planeta vai se cobrindo com uma nova formatação.

É dessa rede luminosa de bons pensamentos e boas ações que será formada a nova aura do planeta Terra.

Outros planetas existem de *provas e expiações*, em outros orbes.

Também existem outros de regeneração. Todos passam por fases e vão adquirindo posições mais avançadas.

Assim, os lugares de experiência, os lugares para poder crescer programados de acordo com a necessidade de cada espírito vão sempre refletir o grau de andamento e de adiantamento dos espíritos que o habitam.

O limiar da Terra é hoje esse tempo. O tempo de transição. Os espíritos encarnados necessitam, o quanto antes visualizar a sua estada neste Planeta como uma dádiva única.

É a chance para um retorno em outras bases, com muito mais possibilidades de crescimento, num lugar bem mais sensível e agradável, sem as mazelas e as dificuldades que se encontram na Terra. Por outro lado, os relacionamentos, porque serão entre espíritos já com o domínio de faixas mais elevadas de sentimentos, serão relacionamentos bem mais tranquilos, serenos e afetuosos. Enfim, um planeta de regeneração é habitado por espíritos que valorizam a oportunidade e aproveitam cada momento para praticar todos os compromissos listados em sua programação, da forma melhor possível.

É habitado por espíritos lúcidos que percebem já as nuances, com mais clareza, da ideia de família universal e de amor incondicional.

É habitado por espíritos que se utilizam de toda parte material, com a consciência de seu papel como pano de fundo às experiências que realmente têm valor.

Enfim, por espíritos que já têm a noção clara de vida como passagem, curta, mas que pode ser e deve ser profundamente rica em produtividade e aproveitamento espiritual.

CAPÍTULO 43

ALCANCE E EQUILÍBRIO NO ACORDAR DA ALMA

Já foi dito que há uma grande movimentação no mundo espiritual, visando ao auxílio à fase de transição do planeta. Isso porque há muitas almas que já experienciaram a Terra, e que a ela deverão retornar nas novas bases.

Muitos, porém, devido a seu atraso e ao não aproveitamento das oportunidades, vão de novo vivenciar experiências semelhantes ao pregresso do nível da Terra, não estando aptos a retornarem no patamar mais adiantado em que ela se encontrará.

No entanto, a par da lucidez e clareza que já demonstram muitos seres encarnados, há necessidade de mais e mais se tornarem hóspedes do Novo Planeta, com a marca da regeneração.

Para tanto, não apenas o mundo espiritual, os irmãos de planos mais adiantados e podemos dizer os que já se incumbiram de monitorar orbes como a Terra acompanham, provocando meios de auxílio, como também retornam, vez por outra e agora com mais frequência, na condição de irmãos do caminho que, como missionários, vêm auxiliar.

Hoje muitos têm vindo para essa função. Muitos, por pouco tempo, em missões pontuais e objetivas para estimular o pensamento mais profundo que atinja o âmago, que busque e encontre os porquês.

Não é uma forma fácil de experienciar a vida na Terra, principalmente porque espíritos que vêm com esse propósito de auxílio muitas vezes não são compreendidos e por isso mesmo são discriminados e rechaçados. Mas há uma determinação, e esta deve ser cumprida. A visão que cada um tem do mundo é de acordo com a condição que o acompanha e rodeia externamente, e é também conforme as marcas fixadas em seu perispírito e gravadas em seu espírito por toda a sua trajetória.

Então não é somente o acordar físico e material; a proposta existencial e encarnatória visa ao acordar da alma.

Isso se dá quando esse ser encarnado atingir um nível espiritual que o faça buscar e encontrar a luz que vai deixar mais clara sua visão, e assim se utilizar dos elementos do meio em que nasceu e vive, para o exercício pleno das determinações a que se propôs, ou que a ele foram propostas antes de reencarnar.

Essa plenitude de alcance e compreensão é o que vai possibilitar uma nova configuração ao viver. Com essas novas colocações, em que o entendimento fará pensar de forma lúcida e coerente, que o homem, este da Nova Era, estará se aprontando para o ingresso no mundo novo de um novo patamar evolutivo.

Todas as coisas deverão ir para o seu devido lugar. Nada de maximizar as coisas materiais e de minimizar o que é sentimento.

Nada de valorizar demais o que lhe diz respeito e diminuir o papel do outro.

As coisas passarão a ser coisas e as pessoas vão assumir a sua importância na escala de valores. Os bens maiores não serão os comensuráveis e os que proporcionam luxo e riqueza, mas serão os que não têm preço e cujo tamanho é bem maior que o mundo, pois pertencem ao sentimento, e isso é incomensurável.

E nesse novo mundo, com os pensamentos em um patamar bem diverso, mais leve, mais pleno, sem tensões, o homem terá mais chance de um progresso mais rápido, sem tantas dificuldades e entraves.

Bastará que haja uma sequência de paz, de afeição, de respeito, de amor, enfim, para que tudo fique de outra forma, mais fluida, espontânea e pacífica.

Nesse novo patamar a Terra se abrirá para os despertos, os que já compreendem, os que já se tornam bem mais responsáveis por si, pelos outros e pelos espaços que habitam.

Nesse novo planeta os homens vão poder começar a entender de fato a proposta divina, pois terão maior facilidade de compreender o que significa: Amai-vos!

CAPÍTULO 44

AS VISÕES DA VIDA

A vida como dádiva. A vida como presente único e ímpar. Essa concepção deve, daqui para a frente, vigorar inteiramente caso o homem realmente vá seguir o seu destino evolutivo. Sim, porque até aqui a vida tem sido vista de várias formas.

Como oportunidade, até, mas não a oportunidade verdadeira de um tempo para abstrair-se dos liames da materialidade e alçar em busca de novas vivências, num plano superior.

A vida tem sido vista como oportunidade de viver usufruindo as benesses quando existem, buscando conquistar sucessos profissionais, familiares, pessoais, financeiros, enfim toda a sorte de crescimento material. A vida tem sido vista para alguns como um calvário de sofrimentos, onde somente castigos justificam sua existência.

Enfim, para quantas pessoas no mundo, tantas serão suas opiniões sobre as razões de se viver. Agrega-se a isso, além das experiências situacionais de cada um, a carga cumulativa espiritual de experiências pregressas que, além delas ou por causa delas, denota amadurecimento ou não do espírito.

Como já foi relatado, o fato de a Terra estar hoje num limiar de transição é sinal de que grande parte dos espíritos que a habitam ou habitaram há pouco mostra sinais de maturidade compatíveis com o perfil diverso do atual.

Um lugar próprio para esses espíritos já mais despertos e com mais experiência vivencial, que os tornam aptos a ingressarem em um ambiente de menos valorização da matéria e mais atenção às sutilezas do sentir.

A experiência vivencial requer uma noção mais clara de seus objetivos, o que só agora o ser encarnado passa a ter. O grande parque de diversões, onde tudo é festa e onde não há lugar para a reflexão, vai ficar para trás, ou melhor, continuará existindo em outros orbes, pois a evolução não é instantânea nem o progresso se faz num estalar de dedos.

Tudo faz parte da lei da evolução, que agrega trabalho, esforço, vontade numa direção bem determinada. Assim, é aos poucos que os espíritos vão se desapegando de sua ignorância e, como uma troca de vestes, vão deixando as que não servem mais à beira da estrada, e vão aos poucos trocando por trajes mais leves, compatíveis com a sutiliza de seu novo caminho. É aos poucos também que a maneira de ver a vida vai mudando. De afazeres rotineiros sem o concurso do pensar, o homem começa a ver em cada pensamento, em cada ação, uma nova forma. Essa forma muda o cotidiano, enriquece cada momento e justifica o viver.

O plano não é o tempo físico do viver. Poucos anos para os que vivem bastante, bem menos para os que têm um estágio menor.

A compreensão, paralelamente ao progresso, vai se abrindo aos poucos. Logo, há a grande abertura, que apresenta a vida real como uma sucessão de *vidas*, experiências, de reencarnes, de estágios, de trabalhos neste e em outros planos. Sem susto, o ser desperto se sente amparado. Sente-se mais completo, pois percebe que no seu âmago, no seu sentir, no seu ser mais íntegro, existe a vida. E que, sendo assim, sua vida não pertence apenas àquele corpo, nem àquela pessoa determinada que se apresenta como seu eu nesse momento, a vida pertence ao espírito e é ele que traz vida a esse corpo, nessa vida. Como já em outras e como continuará no futuro, até que não necessite mais desse tipo de experiência para sua evolução.

Lúcido, o homem da Nova Era habitará o planeta Terra, de regeneração, já com a consciência de que o espírito vai um dia deixar o corpo, mas continuará sua peregrinação através dos tempos, buscando crescer, aprender, iluminar-se e cada vez mais alçar degraus mais elevados.

Assim, e somente assim, com domínio dessas noções, é que poderá o homem ver na vida uma dádiva.

Uma oportunidade de experienciar em um ambiente rico de possibilidades, cheio das mais diferentes formas de exercício de todos os potenciais e em todas as áreas.

Um lugar onde pode, com a visão larga da verdade, ancorado no cenário diversificado que a materialidade traz, experienciar plenamente as mais diversas situações na busca de atingir os objetivos a que se propôs ou lhe foram propostos.

Um presente. Um presente útil, mas que só pode ser usado na íntegra com os olhos bem abertos, o coração desperto e o desejo de atingir cada vez mais os degraus de perfeição.

CAPÍTULO 45

O SER VERDADEIRO

Das várias abordagens já relatadas, uma não pode deixar de ser mencionada: a sinceridade.

Sinceridade não é apenas uma abstração, uma conduta não palpável, uma atitude a ser demonstrada. Sinceridade é tudo isso, sim, mas é mais. Sinceridade é realmente a exemplificação da verdade.

Sinceridade é um reflexo da alma. É expressa quando há, realmente, o encontro dessa alma com sua forma de admitir, de encarar, aceitar e vivenciar a vida como ela realmente é. Muitos são ainda hoje os que dizem saber, conhecer e participar em sua vivência os parâmetros expressos nas leis morais, nas palavras da espiritualidade em suas várias formas, mas não há profundidade em suas declarações.

No discurso tudo é coerente e parece realmente haver certeza e convicção, no entanto, na prática, as atitudes revelam a superficialidade e a carência de um saber aplicado.

"Saber e não fazer é ainda não saber." Dito que já é bastante conhecido, encerra uma verdade.

A sinceridade tem a ver com compromisso. Não um compromisso sujeito a sanções, não um compromisso de obrigação por medo ou receio de castigos, mas um compromisso pessoal, assim como todos os relacionados ao processo evolutivo.

É um elo integral, não dissociado do ser e tem que ser verdadeiro para existir. Se não houver entrega total do ser com o seu pensar, não haverá possibilidade de uma existência plena, de um homem integral.

Já muito se tem falado nesse homem integral. Deverá ser assim o homem da Nova Era.

Convicto de suas determinações à luz do que já conseguiu aprender sobre a transitoriedade da vida e a perenidade da alma, o homem da Nova Era terá a coerência necessária para praticar, de si para si, a sinceridade.

Sim, porque apenas o pensar, o falar, o expressar não vai fazer com que haja alguma significativa mudança. É necessário que haja a prática concomitante para que possa ser vista uma unificação no pensamento e na ação, formando, com esse binômio, o exemplo que é mais eficiente que *mil palavras*.

Aos poucos, o homem vem se dedicando um pouco mais às práticas ou às linhas mais espiritualistas. Por muito tempo não havia condições para isso, e criaram-se inclusive restrições às religiões que explicitaram a existência de espíritos. O amadurecimento evolutivo da Terra, através de inúmeras encarnações, fez com que, paulatinamente e ao seu tempo, as revelações fossem sendo trazidas e incorporadas ao conhecimento dos humanos. Mas, muitas dificuldades houver e custosamente a Terra vem avançando numa lentidão de milênios. A fase em que hoje se encontra é chamada de transição. E essa transição começa e termina no âmbito de cada um.

É um processo, como já foi visto, exclusivo e pessoal. E para que aconteça, é necessário que seja sincero.

É uma tão grande e tão poderosa imersão que tudo o que brota da essência tem que ter a sua característica.

Por isso não há como mudar, evoluir, integrar-se na faixa vibratória dos aptos a degraus maiores sem um conjunto verdadeiro de pensamento e ação. E é desse produto, oriundo de uma fé verdadeira e consciente, que será embasada a nova geração de espíritos que habitarão a Terra.

No olhar, no gesto, na palavra, em tudo, o homem da Nova Era será diferenciado. Dará, e cada vez com mais visibilidade, a impressão de um todo organizado, refletindo bondade, segurança e felicidade.

A cada um servirá de exemplo e cada vez mais haverá, com muita clareza, a expressão de uma sincera crença em uma vida feita de verdade com a base firme do amor.

CAPÍTULO 46

A TRANSFORMAÇÃO ACONTECE

Na trajetória dos espíritos são várias as instâncias. Do simples ao simples. Do simples ainda ignorante, mas puro, iluminado, ao novamente simples, mas já bem mais instruído, iluminado e puro.

Ser instruído é o que vai acontecer ao longo das várias experiências evolutivas. Aos poucos, e por muito trabalho, haverá o espírito de saber o que é realmente importante que deve agregar.

Nos muitos, e são muitos estágios da senda do crescimento, vai amealhando lições que o levam a ser mais amadurecido e equilibrado.

As pautas vão se sucedendo e só vai sentir o progresso quando estiver no estágio de conscientização, da coordenação entre sentimento e razão.

O difícil é tudo, haja vista o tempo imenso que se intercala entre, por exemplo, o início do povoamento deste planeta pelos simples e imaturos seres encarnados e a atualidade, quando o planeta recém dá entrada no patamar da regeneração, evidenciando com isso a sua árdua caminhada.

Desequilíbrios entre os valores de cada época ou de cada era, discrepâncias, objetos eleitos equivocados, supervalorização do material são alguns dos exemplos das causas de atraso, sem falar nas suas derivações.

Para cada equívoco, decorrente da fase primitiva onde se encontra o espírito, abre-se um leque infinito de posições, que, por sua vez, levam a atitudes e modelam a forma de ser e agir de cada geração.

Repetidamente se viram, num planeta como a Terra, esses acontecimentos que pautaram muitos espíritos, em muitas encarnações.

Com isso muitos aqui estiveram com o evidente intuito de progredir, de crescer, mas em função das poucas condições e ainda de olhares vendados à verdade, não obtiveram nenhum avanço, zerando suas possibilidades de aproveitar aquele espaço reencarnatório.

Cada vez mais, no entanto, ainda que muito lentamente, foram paulatinamente acontecendo pequenas aberturas, onde a luminosidade intrínseca de cada espírito pode se fazer sentir e buscar seu equivalente potencial no âmbito maior da natureza, do Universo, do Cosmos.

É dessa forma que, através de todos os tempos, pequenas gotas de luz vão surgindo, vão brilhando e ainda que tenham passado séculos sem serem notáveis por serem muito raras e não haver por isso possibilidade de se agruparem, hoje começam a formar núcleos visíveis.

Até chegarem a esse ponto que hoje apresentam, não havia a menor possibilidade de aparecerem como um sinal de iluminação do planeta. O planeta continuava, pois, como um lugar caracterizado pelo povoamento de espíritos necessitados de cumprirem provas e expiarem suas atitudes pregressas. O fato de manter-se em permanente sombra ou penumbra sinalizava a não mudança de seu perfil. Sua tonalidade era a irradiação dos tons de cada espírito encarnado, que ainda pairava na zona correspondente à densidade de seu estágio.

Na medida do aumento da capacidade de entendimento, da desenvoltura na compreensão dos valores mais importantes, do toque de sensibilidade para a aceitação do amor como o sagrado, acontece a transformação.

O homem da Nova Era vem sendo forjado há séculos numa caminhada muitas vezes dolorosa, muitas vezes improfícua, mas permanente.

Só agora se vê o limiar da Nova Era. Começa a surgir com uma luminosidade ainda tênue, mas que já se faz notar. O planeta Terra já mostra que ingressou no limiar da transformação. Seus espíritos já estão entrando em patamares mais sutis, onde já conseguiram acionar sua luz interior e estão aos poucos integrando, através dela, a grande luz do cosmos.

A cor do planeta já não é tão escura.

Uma névoa clara começa a dominar grande parte dele, e essa névoa é o conjunto de promissoras almas que aqui já cresceram, já acordaram e continuam a caminho, bem mais leves, pois já estão na faixa de uma melhor iluminação.

CAPÍTULO 47

A VIVÊNCIA INTEGRAL NA NOVA ERA

Finalmente, para que se tenha uma visão mais completa de todas as condições que devem estar presentes para que o homem consiga estar à altura do novo tempo, é importante salientar a efetiva participação, o labor, o trabalho, o empenho. Não basta apenas ler, aprender, ou mesmo intrinsecamente vir a esta encarnação com o preparo e as virtudes que são importantes.

É necessário o exercício.

É necessário o exemplo.

É necessário se fazer presente, ser visto e imitado, é necessário causar mudanças, fazer efeitos, alterar o comum. É necessário ser foco de iluminação a quantos necessitarem de um empurrão ou uma motivação para o despertar.

Reiteramos a frase: "Saber e não fazer é ainda não saber". Tudo mostra que um vaso tampado pode ter o melhor perfume, mas não exala e não se faz sentir.

A abertura é então condição *sine qua non* para que haja a percepção que irá influenciar positivamente o semelhante.

Esse é um grande princípio, o de tornar-se o ser encarnado que já se descobriu, participante e integrante dessa visão maior da vida: agente de mudança. Seja pelo pensar coerente e lúcido que se transforma em expressões amigáveis e fraternas, prontas a se tornarem palavras de apoio e compreensão, seja pela atitude de afeto, de caridade, de participação, de amor.

Seja por que forma for, é o exercício do bem consciente, no início e depois incorporado como forma de ser, que fará com que esse ser brilhe em sua estada terrestre pela beleza de sua passagem.

Esse é o rastro de luz, é o brilho de cada um, que no somatório se torna uma névoa translúcida e de ofuscante luminosidade e envolve o planeta.

Para esse despertar não há idade biológica. A idade é espiritual e às vezes pode surpreender.

Já foi mencionada a ajuda de espíritos mais avançados em exercício em outros mundos que aqui aportam para dar um impulso na vagareza da evolução dos terráqueos.

Pois bem, desde novas, as crianças que portam esses espíritos já demonstram capacidades que não são corriqueiras.

A familiaridade com as coisas espirituais, a segurança nas suas proposições, a forma de encarar os fatos mostram aos adultos, muitas vezes, uma maturidade surpreendente.

São exemplos, desde muito cedo, de como influenciar os outros a pensarem e colocarem em prática as formas mais corretas de bem-viver, de acordo com as leis da natureza.

Com todos os auxílios que o homem tem recebido, só os que já estão de certa forma sensibilizados, já aprumados com a visão de vida real, é que se tocam.

Para muitos, como tudo, tudo passa despercebido. É aí que é necessário o trabalho mais intenso dos já tocados como seres para a Nova Era.

É aí que, através da oração, mas muito mais da conexão com as esferas sutis do aprimoramento, o homem deverá agir de acordo com os ditames de sua consciência. Uma consciência voltada ao aperfeiçoamento espiritual de uma vida muito maior que o espaço vivencial no planeta. Ser influente, marcar presença, levar pelo exemplo e pelas atitudes a sensibilização de irmãos companheiros de jornada é a grande meta hoje dos aspirantes à Nova Era.

Acreditar que é parte da natureza, uma grande natureza que tem na experiência vivencial apenas uma mínima parte e que os pensamentos e ações nessa experiência têm que ser os melhores possíveis, vai fazer com que cada vez mais o homem esteja imbuído de se conectar com os princípios naturais geradores da vida: amor e união.

A VERDADE É UMA SÓ

SIOMARA VILANOVA CERQUEIRA
Pelo Espírito JEAN PIERRE
A verdade
É UMA SÓ

Ver e sentir-se como parte do mundo, sim, lutar e trabalhar para a sobrevivência e manutenção de sua vida e dos seus, sim. Mas, nunca fazer disso um propósito maior que tudo, sem se dar conta da verdadeira razão da vida e do espírito na encarnação: a chance de progredir e crescer como espírito imortal.

Um único parágrafo e tanto a pensar.

Um único parágrafo e tanto a questionar.

Um único parágrafo... e o que dizer sobre tantos outros parágrafos?

"A Verdade é uma só." Não há como definir algo tão grandioso.

Com certeza, a leitura destas páginas irá auxiliar a elucidar os questionamentos que cada um de nós faz em relação à criação, à vida, de onde viemos e para onde vamos.

Boa leitura.